Ethelbert Bullinger

# DIE ZWEI NATUREN IN DEM KINDE GOTTES

# Die zwei Naturen in dem Kind Gottes

von

ETHELBERT W. BULLINGER

Autorisierte Übersetzung aus dem Englischen

„Was aus dem Fleisch geboren ist, ist Fleisch,
und was aus dem Geist geboren ist, ist Geist"
(Joh. 3, 6)

2. Petr. 3, 18

Gott segne Dich!

Sibylle u. Hartmut

27.12.02

Stephanus-Edition · Uhldingen · Seewis

ISBN 3-921213-42-8
Titel der englischen Originalausgabe
„The two natures in the child of God“
beim Verlag Lamp-Press, London

Reprint 1981
bei Stephanus Edition CH Seewis
Herstellung:
Stephanus Druck GmbH · 7772 Uhldingen 1

# VORWORT

Die Erfahrung des Kindes Gottes ist in Gal. 5, 17 mit folgenden Worten beschrieben:

„Das Fleisch gelüstet wider den Geist
Und den Geist wider das Fleisch;
Und diese sind wider einander,
Auf daß ihr nicht das tut, was ihr wollt."

In allem andern kann der bloße Bekenner das wahre Kind Gottes nachahmen; aber gerade das unterscheidet den nur Religiösen von dem wahren Christen: Jedes wahre Kind Gottes erlebt ständig den Konflikt, der Gal. 5, 17 beschrieben ist. Aber nicht jedes Kind Gottes begreift, was es daraus lernen soll.

Wer den Kampf erlebt, ohne seinen Sinn zu erkennen, wird aus der Verwirrung, Unruhe und Entmutigung nie herauskommen. Wer dagegen nur verstandesmäßig die Lehre erfaßt hat, ohne den Kampf zu erleben, schreitet einem ewigen Verhängnis entgegen.

Die einzige Hilfe besteht darin, daß man unmittelbar aus Gottes Wort lernt, was dort über die Adamsgeburt steht, sowohl über ihre Natur als auch über ihr Erbe, andererseits aber auch über die durch Wiedergeburt von Gott geschenkte Natur.

Das allein vermittelt dem Gläubigen die wahre Erkenntnis von „Gottes Werk" (Eph. 2, 10) und den Schlüssel zu diesen Erfahrungen, die ihm andernfalls unerklärlich bleiben.

Wenn die Lehre von den zwei Naturen klar verstanden wird, dann ist nicht nur eine Quelle des Zweifels beseitigt, sondern die Grundlage der Gewißheit gefunden. Das ist dann in der Tat die beste Versicherung, die der Mensch dafür bekommen kann, daß er Gottes Werk ist und daß Gott tatsächlich das gute Werk in ihm angefangen hat, das er selbst vollenden wird.

Das Ziel der folgenden Seiten ist, die Erkenntnis dieser Lehre zu vermitteln, so, daß die Erfahrung, die sonst Zweifel und Furcht erzeugt, eine Quelle des Friedens und der Freude werde.

London-W.

E. W. Bullinger

## ZUM GELEIT

In den Jahren vor dem ersten Weltkrieg kam mir diese Schrift in die Hand, die mir unverlierbaren Segen brachte. Nach einer solch klaren Orientierung über den Kampf zwischen Fleisch und Geist, oder den beiden Naturen (Galater 5, 17) hatte ich jahrelang gefahndet. Beim Lesen dieses Büchleins, das uns die göttliche Antwort betreffend die unverbesserliche Natur des Fleisches gibt (Joh. 3, 6; Röm. 7, 18), habe ich den Schlüssel zu der wunderbaren Gabe Gottes: dem Pfand des Geistes (2. Kor. 1, 22) mit jubelndem Herzen gefunden. Diese Gewißheit hat sich so tief in mir verankert, daß ich noch nach mehr als 40 Jahren in gleichem Maß darüber erfreut bin.

Wer diese Schrift mit betendem Herzen liest, dessen Leben wird aus der alten Bahn geworfen und erfährt die göttliche Macht, die uns in seine Gewalt zwingt. Wer das erfahren hat, der hat die Grundlage für den kühnen Glauben an Gottes Verheißungen und „die gute Zuversicht, daß der, der ein gutes Werk in uns angefangen hat, es vollführen wird bis auf den Tag Jesu Christi“ (Phil. 1, 6).

Besonderen Dank schulde ich Dr. Paul Müller für seine vorzügliche Übersetzungsarbeit.

Theodor Voemel

Basel, im Januar 1957
Largitzenstraße 19

# INHALTSVERZEICHNIS

# Die zwei Naturen in dem Kind Gottes

*Einleitung*

„Was aus dem Fleisch geboren ist, ist Fleisch; Joh. 3, 6
Und was aus dem Geist geboren ist, ist Geist!"

Wir hören heutzutage viel über die sogenannte „Lehre Jesu", und es wird der Versuch gemacht, dieselbe über und gegen die Lehre des Apostels Paulus zu stellen, wobei man die Tatsache übersieht, daß sowohl Evangelien als auch Briefe durch die Inspiration desselben Heiligen Geistes gegeben wurden.

Jene Leute sagen das aber nicht, weil sie die Lehre des Herrn Jesus kennen lernen oder ihr gehorchen möchten, sondern weil sie die Autorität der Botschaft Gottes durch Paulus herabsetzen wollen, um die sogenannte Paulinische Theologie loszuwerden. Stellt man sie vor die tatsächliche Lehre des Herrn Jesu, so wollen sie nichts von derselben wissen. Sie gehen zurück und wandeln nicht mehr mit ihm, oder sie werden „mit Wut erfüllt" und suchen ihn hinauszustoßen. Joh. 6, 66 Luk. 4, 28. 29

Johannes 3, 6 erfahren wir aus dem Munde des Herrn Jesus eine entscheidende Wahrheit mit ewigem Grund. Es ist jedoch gerade die Wahrheit, die der natürliche Mensch nicht hören will. Sie erklärt, daß wir unserer Natur nach von dem gefallenen Adam abstammen, daß wir nach seinem Bilde gezeugt und seiner gefallenen Natur teilhaftig sind. Als Fleischgeborene besitzen wir die Natur unseres Stammvaters und sind Fleisch. Dieses Fleisch, so sagt Jesus, nützt nichts" und in ihm „wohnt nichts Gutes". Joh. 3, 6 1. Mose 5, 3 Joh. 6, 63 Röm. 7, 18

Aber, wie gesagt, das ist die Lehre, die der Mensch nicht annehmen will. Kanzel, Rednerbühne und Presse verkündigen mannigfach das Gegenteil und erklären, daß im Menschen etwas Gutes ist und daß unsere ganze Aufgabe darin besteht, es zu entdecken und zu veredeln.

Gegen diese Satanslüge ist die Axt der göttlichen Wahrheit angelegt, wenn der Herr Jesus erklärt:

> „Was aus dem Fleisch geboren ist, ist Fleisch“;

und daß

> „das Fleisch nichts nützt“;

und daß in demselben

> „nichts Gutes wohnt“.

Wenn im Menschen etwas Gutes gefunden werden soll, muß es zuerst durch Gott in ihn hineingelegt werden. Es muß „vom Geist geboren“ werden, und wenn dieses „Gute“ so geboren und im Menschen vorhanden ist, zeigt sich, daß es der Natur seines himmlischen Vaters teilhaftig ist. Es ist Geist. Es ist göttlich.

Diese zwei Naturen sind ihrem Ursprung, ihrem Wesen und ihrem Charakter nach entgegengesetzt; beide haben verschiedene Namen. Dabei enthüllt jeder Name einen neuen Zug und eine weitere Wahrheit.

Laßt uns zuerst die Namen betrachten, die der alten Natur des Menschen gegeben sind.

# I. Namen und Kennzeichen der alten Natur

1. *„Das Fleisch"*, wie es Joh. 3, 6 heißt: „Was vom Fleisch geboren ist, ist Fleisch." Es entsteht durch Geburt, nachdem es von einem gefallenen Wesen gezeugt ward. Über das Fleisch wird uns gesagt: Joh. 3, 6

Es „kann Gott nicht gefallen". Röm. 8, 8

Es „nützt nichts". Joh. 6, 63

Es wohnt „nichts Gutes" in ihm. Röm. 7, 18

Hier haben wir eine wesentliche und grundlegende Wahrheit vor uns. Dabei fragt es sich: Glauben wir das? Glauben wir Gott oder den Menschen? Wenn wir Gott glauben, werden wir sehen, daß der größte Teil des sogenannten „Öffentlichen Gottesdienstes" Eitelkeit ist. Der Gottesdienst kommt ganz aus dem Geiste, aus der neuen Natur hervor. Wir müssen mit Maria sagen können:

„Meine Seele erhebt den Herrn, Luk. 1, 46—47
Mein Geist frohlockt in Gott, meinem Heiland."

Nur Erlöste können wahrhaftig anbeten. Wenn das Fleisch an sich „nichts nützt", ist es klar, daß wir Gott nicht mit unseren Sinnen anbeten können, welche alle dem Fleisch angehören. Wir können nicht anbeten mit unseren Augen, indem wir ein Sakrament anschauen. Wir können nicht mit unseren Nasen anbeten, indem wir Weihrauch riechen. Wir können nicht mit unseren Ohren anbeten, indem wir auf Musik lauschen; ebensowenig können wir mit unseren Kehlen anbeten, indem wir singen. Alles, was aus dem Fleische kommt, „nützt nichts". Gott

„sieht es nicht an"; es ist vergebliche Mühe. Protestantische Christen werden mit uns übereinstimmen, wenn wir vom Anschauen der Sakramente oder über das Riechen des Weihrauchs sprechen. Aber was sagen dieselben über die anderen Sinne des Fleisches? Was über die Ohren und Kehlen? In fast allen Gemeinschaften und Kirchen scheint die Musik den ersten Platz einzunehmen. Mit den „1000 Personen starken Chören", „Streichorchestern", „Solos" und „Posaunenchören", „Wechselgesängen" (zwischen Geistlichem und Gemeinde) und mit dem neuen sogenannten „Gesungenen Evangelium" sind wir in eine Zeit eingetreten, in der das Fleisch die allgemeine Herrschaft auszuüben scheint in dem, was noch den Namen „Gottesdienst" trägt.

Aber das alles „nützt nichts".

Diese ganze Flut ist im Steigen, zusammen mit einer anderen, deren Ruf ist: „Werdet mit dem Geist erfüllt." Hier wird jedoch das „Wort der
Eph. 5, 18. 19 Wahrheit" falsch geteilt. Denn hinter dem Wort „erfüllt" steht kein Punkt. Daran erkennt man, daß, wenn wir mit dem Geist erfüllt sind, es an den Wirkungen gesehen wird, nämlich: „Redend zueinander in Psalmen, Lobgesängen und geistlichen Liedern, singend und spielend in euren Herzen (nicht nur mit euren Kehlen) und das nicht vor einer Zuhörerschaft oder Gemeinde, sondern dem *Herrn.*"

Wir brauchen nicht ein „Ohr für Musik", sondern ein Herz für Musik.

Aus dem von der „alten Natur" Gesagten erfahren wir, daß „das Fleisch nichts nützt". Dies ist eine Grundwahrheit für den Christenglauben, während die Religion auf dem Gegenteil fußt.

Religion hat es mit dem Fleisch zu tun, der Christenglaube aber hat es mit Christus und der neuen Natur zu tun, welche pneuma-Christou oder Christi Geist ist. Wir werden später über diese neue Natur mehr zu sagen haben.

Die alte Natur wird ferner genannt:

2. „*Der natürliche Mensch.*" Es wird uns gesagt, daß „der natürliche Mensch nicht vernimmt, was des Geistes Gottes ist; denn es ist ihm eine Torheit und er kann es nicht erkennen, weil es geist- 1. Kor. 2, 14
lich beurteilt wird".

In diesem Kapitel (1. Kor. 2) steht Vers 14 im Zusammenhang mit Vers 8, daß „keiner von den Fürsten dieser Welt die Weisheit Gottes erkannt hat", nämlich: „Das große Geheimnis", denn es war „verborgen" in Gott, und kein Auge hat es je Eph. 3, 9
gesehen, noch ein Ohr gehört; und selbst jetzt, da 1. Kor. 2, 10
es „geoffenbart" ist, kann der natürliche Mensch nichts davon erkennen, weil es allein vom Geist wahrgenommen wird oder von der neuen Natur in uns, die vom Heiligen Geist geschaffen und erleuchtet ist.

Das ist entscheidend für den Charakter, die Kraft, die Neigung und den Zustand des „natürlichen Menschen". Dieser Ausdruck bezeichnet den Menschen, wie er naturgemäß in diese Welt herein geboren wird.

Sodann wird er weiter genannt

3. „*Der alte Mensch.*" Was hören wir über ihn? Er „ist verdorben nach den betrügerischen Lüsten", so wird uns gesagt. Der alte Mensch ist voll Eph. 4, 23
von Wünschen und Lüsten. Diese Lüste sind betrügerisch und verführerisch. Sie sind in allem wider Gott, wider seinen Geist und sein Wort, und dadurch auch gegen die neue Natur, den

Geist, wenn sie einmal in uns eingepflanzt ist. In dieser Beziehung wird er genannt

4. *„Der äußere Mensch"* als der, welcher gesehen wird und welcher tatsächlich zerfällt, und zwar „Tag für Tag". Daraus folgt, daß wir diese „Last" tragen müssen, solange wir in dem Fleische sind und daß keine Satzung aus der vergänglichen Welt in jenem Bereich von Nutzen ist, wo alles geistlich, d.i. aus dem Geiste, ist und sein muß.

2. Kor. 4, 16

5. *„Das Herz"*, d.i. das natürliche Herz, welches mehr als alles arglistig und verderbt ist", so betrügerisch, daß es uns beständig verführt und täuscht, so arglistig, daß niemand außer Gott es wirklich kennt. Matth. 15, 19 zeigt der Herr Jesus uns das Herz des natürlichen Menschen: „Aus dem Herzen kommen hervor böse Gedanken, Mord, Ehebruch, Hurerei, Dieberei, falsche Zeugnisse, Lästerungen."

Jer. 17, 9

Matth. 15, 19

Ausleger mögen von „einer Veränderung des Herzens" reden, aber es wird nie verändert. Ein „neues Herz" muß gegeben werden. Sie mögen über die Verbesserung des menschlichen Herzens (oder der menschlichen Natur) reden; aber das alte Herz kann nicht verbessert werden, und das neue Herz hat keine Verbesserung nötig.

Die Spiritisten und Theosophen mögen von dem „Göttlichen im Menschen" reden und zeigen, wie dieser „alte Gedanke des Ostens, der Wiege aller Philosophie im Begriff ist, die Religionen des Westens zu durchdringen". Dies ist eine nur allzu wahre Tatsache; wir aber stellen dieser Lüge Satans die Wahrheit Gottes entgegen. Auch der Mensch selbst muß manchmal zugeben und bekennen, daß alle seine Anstrengungen, „das Herz“ des Menschen zu verbessern, im Bankrott enden.

Ein anderer Name, den das Wort Gottes der alten Natur gibt, ist

6. *„Die fleischliche Gesinnung.“* Diese Seite der alten Natur ist noch bedenklicher als die anderen. Jene beziehen sich mehr auf die Taten, die Zustände und den Charakter; aber hier haben wir es
mit den Gedanken zu tun, mit der Verstandestä- Röm. 8, 7
tigkeit, der Urteilskraft und den Vorstellungen des natürlichen Menschen.

Daß diese das Gegenteil der Gedanken Gottes sind, zeigte sich schon von jeher. „Alles Dichten
und Trachten des Menschenherzens (alle Gedan- 1. Mose 6, 5
kengebilde) war nur böse immerdar.“ Gerade von dieser Gesinnung des Fleisches erklärte Gott:
„Meine Gedanken sind nicht eure Gedanken und Jes. 55, 8
eure Wege sind nicht meine Wege.“

Röm. 8, 7. 8 lesen wir: „Fleischlich gesinnet Röm. 8, 7. 8
sein, ist eine Feindschaft wider Gott; sintemal es dem Gesetze Gottes nicht untertan ist; denn es vermag es auch nicht. Die aber fleischlich sind, können Gott nicht gefallen.“

Die „Gesinnung des Fleisches“ ist also:

„Feindschaft gegen Gott.“

„Dem Gesetz Gottes nicht untertan,
denn sie vermag es auch nicht.“

Und „vermag Gott nicht zu gefallen“.

Aus der Gesinnung gehen die Gedanken hervor. Aus den Gedanken entspringen die Handlungen. „Die Gesinnung des Fleisches“ ist daher jener Teil des Fleisches, der denkt, und seine Gedanken sind stets wider Gott und haben „die Natur der Sünde“.

7. Nun kommen wir zu dem letzten Namen,

den die Schrift der alten Natur gibt: *„Die Sünde."*

Wir müssen unterscheiden zwischen „Sünde" und „Sünde". Die „Sünde" ist die Wurzel, „die
Röm. 1, 16—5, 11 Sünden" sind die Früchte. Von Römer 1, 16—5, 11 ist von den „Sünden" die Rede, welche hier als Frucht der alten Natur betrachtet werden. Zugleich wird uns gezeigt, wie Gott gerecht sein kann, indem er die Sünden hinwegtut und zudem noch der Rechtfertiger des Sünders ist, welcher auf Grund des Glaubens statt auf Grund des Gesetzes errettet wird.

Röm. 5, 12—8, 39 Von Kap. 5, 12—8, 39 handelt es sich um die Sünde, die alte Natur. Denn obgleich der Sünder in Christus gerechtfertigt ist, fühlt er noch die Wirksamkeit der alten Natur und erfährt den Streit zwischen dieser und der neuen Natur. Das Ziel dieses Abschnittes ist, zu zeigen, daß wir den alten Baum als abgestorben betrachten sollen, obschon wir noch seine Früchte sehen; und daß wir uns dafür halten sollen, daß wir mit Christus gestorben sind. Es ist dabei keine Veränderung vor sich gegangen. Die Wurzel ist noch vorhanden. Der Unterschied liegt in unserer Stellung Gott gegenüber. Jetzt stehen wir auf einem anderen Boden, „wir wandeln im Glauben", und im Glauben rechnen wir damit, daß, obwohl das Fleisch in uns ist, wir „nicht in dem Fleische" sind; und trotz den Früchten, die wir von Zeit zu Zeit sehen, glauben wir es Gott, wenn er uns sagt, daß der Baum in seinen Augen verurteilt ist. Ein neues Reis ist eingepfropft worden, das nur für „Gott Frucht" bringen kann, während alles, was aus dem alten Stamm (unterhalb des Pfropfrei-
1. Kor. 3, 9 ses) erzeugt wird, wertlos ist und von des großen Gärtners Hand abgeschnitten wird. Wir sind sein

„Ackerwerk". Er pflanzt in uns die neue Natur, und wir glauben ihm, wenn er uns von all den Wundern sagt, die er vollbracht hat.

## II. Wesen und Ende der alten Natur

Nachdem wir die verschiedenen Namen betrachtet haben, welche der alten Natur in der Schrift gegeben werden, wollen wir nun sehen, was über diese Natur selbst und über ihr Ende gesagt wird.

Das erste, was wir erfahren, ist:

1. *Sie kann nicht verändert werden.*

„Was aus dem Fleisch geboren (oder gezeugt) ist, ist *Fleisch*“ und bleibt Fleisch. Keine bekannte Macht kann es in Geist verwandeln. Die Menschen reden von einer Veränderung der Natur; aber es ist im Grund nur ein Geschwätz, das an den Tatsachen nichts ändert. Die Menschen werden nicht müde in ihren Anstrengungen, das Fleisch zu verbessern, aber sie erleben stets bittere Enttäuschungen. Immer wieder beweisen sie die Tatsache, daß weder Erziehung noch Religion die alte Natur verändern oder eine neue mitteilen können.

Das Fleisch kann bis zu einem hohen Grade
Eph. 2, 3 ausgebildet werden. Neben den groben „Lüsten“
Eph. 2, 13 des Fleisches stehen die verfeinerten Wünsche
des Gemüts[1]; aber sie sind gleicherweise „fern“ von Gott (Vers 13) und unter seinem „Zorn“ (Vers 3). Das Fleisch kann sehr religiös gemacht werden. Diese beiden können in der Tat sehr wohl zusammengehen, denn Religion besteht aus Satzungen, Gebräuchen und Zeremonien. Sie besteht in Essen und Trinken. Sie gedeiht bei Gelübden, Verpflichtungen und Abzeichen. All das ist äußerlich und ist für das Fleisch. Alles dies

[1] Griechisch: (dianoia) Gedanken, Denksinn, Denkart.

liegt unter der Macht des Fleisches. Dasselbe kann Tage halten und Feste und Fastenzeiten. Es hat Freude an „Lebensregeln“ und schwelgt in „Satzungen“. Alles dient dem Fleische, und das religiöse Fleisch neigt zu diesen Dingen genau so wie das gottlose. Kol. 2, 16. 20. 21

Daher die Gefahr eines sogenannten religiösen Dienstes, in welchem etwas ist, das dem Fleische dient, oder wo Vorsorge für das Fleisch getroffen ist. Hinreißende Musik, herzbrechende Geschichten, feurige Aufforderungen, das alles vermag sogenannte „Bekehrungen“ hervorzurufen; es ist aber Menschenwerk, daher halten solche „Bekehrte“ auch nicht aus. Daher auch die große Sorge, ob solche Bekehrungen von Dauer sind. Sie mögen für Wochen oder Monate oder auch Jahre anhalten, sie werden aber nie für die Ewigkeit bestehen. Alle diese äußeren Dinge werden „durch den Gebrauch zerstört“. Sie sind aus dem Fleische geboren. Kol. 2, 22

Nur „was aus dem Geiste geboren (oder erzeugt) ist, ist Geist“. „Was Gott tut, wird für ewig sein“; und: „Jede Pflanze, die mein himmlischer Vater nicht gepflanzt hat, wird ausgerottet werden.“ Diese Worte wurden von dem Herrn zu denen gesprochen, deren Religion aus dem Fleische war und in Waschungen und in der Verrichtung langer Gebete bestand, zu solchen, die Gott mit ihren Lippen ehrten und behaupteten, der Mensch werde durch das verunreinigt, „was in den Mund eingeht“. Joh. 3, 6 Pred. 3, 14 Matth. 15, 13 Matth. 15, 11

Sie betrafen die „Schriftgelehrten und Pharisäer von Jerusalem“, dem Ort der religiösen Gebräuche (Vers 1) und sie gelten heute allen, welche Lehren verbreiten, die nichts als „Menschen- Matth. 15, 1

Matth. 15, 9 gebote“ sind (Vers 9); welche die Menschen religiös machen durch Einwirkung auf die Gefühle des Fleisches und sie auch heilig zu machen su-
Kol. 2, 21 chen, indem sie sagen: „Berühre nicht, koste nicht, betaste nicht.“ Sie gelten denen, die „das, was in den Mund eingeht“ mehr beachten, als
Matth. 15, 11 „das, was aus dem Herzen kommt“, als ob das eine übernatürliche Macht besäße, welche das andere beeinflussen könnte.

Nein! Die Natur des alten Menschen kann
Röm. 8, 7 nicht verändert werden. „Denn sie ist dem Gesetze Gottes nicht untertan; denn sie vermag es auch nicht.“ Das löst die Frage endgültig für jeden, der dem Worte Gottes untertan ist.

Hat man dies einmal erfaßt, so wird es uns unmöglich, zu bitten „Reinige unsere Herzen in uns“; denn es erhebt sich natürlich die Frage: Welches „Herz“? Das alte oder das neue? Wenn das alte: Das kann nicht gereinigt werden. Wenn das neue: Das hat keine Reinigung nötig. David konnte sagen: „Schaffe in mir, Gott, ein reines Herz“, aber das ist etwas ganz anderes. Ein neu geschaffenes Herz ist gerade das Gegenteil davon, daß das alte Herz gereinigt werde.

Diese einfache Tatsache und Wahrheit aus Gottes Wort ist eine Axt, die der ganzen modernen Lehre von den „reinen Herzen“ an die Wurzel gelegt ist, der Lehre von jenen, die durch Werke geheiligt werden möchten, obwohl sie aus
Gal. 3, 3 Gnaden gerechtfertigt wurden. Ihnen allen gilt der Tadel von Gal. 3, 3: „Seid ihr so unverständig? Im Geiste (oder der neuen Natur) habt ihr angefangen; wollt ihr es denn nun im Fleische vollenden (oder euch selbst vollenden)?“

Gerade diese Hauptlehre von den zwei Naturen in dem Kind Gottes berichtigt jenes moderne Gerede, das so viele Seelen beunruhigt. Anstatt daß die letzteren in dem Kampf, über welchen sie trauern, gerade die Grundlage ihres Glaubenslebens sehen, suchen sie die Frage dadurch zu lösen, daß sie die alte Natur reinigen und verbessern, was gänzlich unmöglich ist.

Über alle diese Lehren und Anstrengungen läutet die Totenglocke die ernsten Worte

„Sie vermag es nicht".

Das andere, was wir erfahren, ist, daß die alte Natur nur *ein* Ende hat:

2. *Ihr Ende ist der Tod!* Das Fleisch und alles, was dazu gehört, seine Religion und seine Gottlosigkeit, seine Tugenden und seine Laster, das alles endet im Tod. Alles ist für die Zeit bestimmt und nicht für die Ewigkeit.

„In Adam sterben alle." „Die Gesinnung des 1. Kor. 15, 22
Fleisches ist der Tod." Röm. 8, 6

Verbunden mit dem Leibe heißt die alte Natur „dieser Leib des Todes (oder dieser zum Tode Röm. 7, 24
bestimmte Leib)".

Nichts als der Tod kann das Ende alles dessen sein, was vom Fleische ist. Vom Fleisch ist es geboren. Der „erste Adam" wurde vom Staube der Erde gemacht. Zum Staube kehren alle seine Nachkommen zurück. 1. Mose 3, 19

3. Die dritte Tatsache ergibt sich aus der zweiten:

„*Wer auf sein Fleisch sät, wird von dem Fleische* Gal. 6, 8
*Verderben ernten.*" Alle Anstrengungen, das Fleisch zu verbessern, alle für das Fleisch getroffene Vorsorge, alle mit dem Fleisch verbundenen Satzungen, sie alle enden in Verderben und Tod. Sie sind dazu bestimmt, durch den Gebrauch Kol. 2, 22

abgenutzt und zerstört zu werden. Doch hat unser Thema auch eine glücklichere und gesegnetere Seite.

Es gibt nämlich eine neue Natur, wie wir in unserem nächsten Kapitel sehen werden.

## III. Namen und Kennzeichen der neuen Natur

Es ist eine große beglückende Tatsache, daß es nicht nur Menschliches, sondern auch Göttliches gibt; nicht nur das vom Menschen Geborene, sondern auch das von Gott Erzeugte; nicht nur „Fleisch“, sondern auch „Geist“. „Was vom Geist geboren ist, das ist Geist!“ Joh. 3, 6

Diese neue Natur (Geist) hat, wie die alte, verschiedene Namen. Dieselben stehen im Gegensatz und Widerspruch zueinander.

1. Die neue Natur wird „*Geist*“ genannt. Dieser steht im Gegensatz und Widerspruch zu dem „Fleische“ (der alten Natur), und er wird so genannt, weil er von dem Heiligen Geist geboren (Joh. 3, 6) oder gezeugt ist. Wie das „Fleisch“ die Natur Adams hat, von dem es abstammt, so hat der Geist die Natur des Heiligen Geistes, da er aus dem Geiste geboren wurde (ek tou pneumatos).

2. Daher wird diese neue Natur, welche göttlichen Ursprungs ist, *göttliche Natur* (theia physis) (2. Petr. 1, 4) genannt. Deshalb wird von ihr gesagt, daß sie „vollkommen sei, und unfähig, Sünde zu tun“.

„Jeder, der aus Gott[1] geboren (oder gezeugt) ist[2], tut nicht Sünde (bringt nicht Sünde als seine Frucht hervor), denn sein Same (die neue Natur) bleibt in ihm; und er (der neue Mensch) kann nicht sündigen, weil er (oder sie) aus Gott geboren (oder von Gott gezeugt) ist[3].“ 1. Joh. 3, 9

„Wir wissen, daß jeder, der aus Gott geboren 1. Joh. 5, 18. 19

---

[1] Griechisch: (ek tou Theou).
[2] Griechisch: (gegennémenos) Partizip Perfekt.
[3] Griechisch: (gegennétai) Perf. Ind. Pass.

ist, nicht sündigt, sondern der aus Gott geboren ist (d. i.: der neue Mensch), bewahrt sich, und der Böse tastet ihn nicht an. Wir wissen (als eine Tatsache), daß wir aus Gott sind; und die ganze Welt liegt in dem Bösen (in der Gewalt desselben)."

In diesen Schriftstellen (Grundtext) wird von der neuen Natur als Person männlichen Geschlechts gesprochen. Das kann sich nicht auf den Gläubigen als Ganzheit beziehen; denn,
1. Joh. 1, 10 wenn wir sagen, daß „wir nicht gesündigt haben, machen wir ihn zum Lügner und sein Wort ist nicht in uns"; über unsere Sünden finden wir in
1. Joh. 2, 1. 2 1. Joh. 2, 1. 2 Aufschluß. Aber die neue Natur ist aus Gott geboren und tut nicht Sünde und liegt nicht in dem Bösen (in der Gewalt desselben).

Die neue Natur ist also „Geist". Sie wurde in dem Gläubigen durch die Macht des Heiligen Geistes erzeugt und geboren. Sie ist göttlich und heißt daher

Eph. 4, 24 3. *Der neue Mensch.*" Derselbe steht im Gegen-
Kol. 3, 10 satz zu „dem alten Menschen", einem der Namen
2. Kor. 5, 17 für die alte Natur, wie wir sahen. Da er durchaus neu ist, wird er „eine neue Schöpfung" genannt,
Gal. 6, 15 und es wird von ihm gesagt, daß er „nach dem Bilde dessen ist, der ihn erschaffen hat". Nichts
Kol. 3, 10 Geringeres als das genügt in den Augen Gottes. Wie sehr auch immer die Menschen mit der
Gal. 6, 12 Pracht des Fleisches glänzen mögen, „es nützt
Joh. 6, 63 nichts"; denn in Christus Jesus ist weder Be-
Gal. 6, 15 schneidung noch Vorhaut etwas, sondern eine neue Schöpfung.

Kol. 3, 10. 11 In diesem Zusammenhang heißt die neue Natur:

4. *„Der inwendige (innere) Mensch.“* Röm. 7, 22

Dieser steht im Gegensatz zu „dem äußeren 2. Kor. 4, 16
Menschen“, der von Tag zu Tag verfällt (ver- Eph. 3, 16
dirbt), während der „innere Mensch von Tag zu
Tag erneuert wird“. Anstatt zu verfallen, wird er
ständig durch den Heiligen Geist mit Gnade und
Kraft erfüllt, so daß Christus auf diese Weise Eph. 3, 16
durch Glauben in dem Herzen wohnt und wir
etwas von seiner Liebe erfahren, die doch alle Eph. 3, 19
Erkenntnis übertrifft, und wir mit der ganzen Eph. 1, 23
Fülle Gottes erfüllt werden. Dies erläutert Eph.
1, 23 und zeigt, wie die Gemeinde, der Leib Chri-
sti, „die Fülle (Vervollständigung) dessen ist, der
alle (die Glieder seines Leibes) mit allem (aller
nötigen geistlichen Gnade und Kraft) erfüllt“.

Der innere Mensch hat Wohlgefallen an dem Röm. 7, 22
Gesetz Gottes. Der alte „ist dem Gesetz Gottes Röm. 8, 7
nicht untertan“. Daher der Kampf zwischen bei-
den. Er muß währen, bis der Tod dem Ringen ein
Ende macht. Diese Tatsache veranlaßte den Apo-
stel Paulus (und alle, welche den gleichen kostba-
ren Glauben haben) zu der Wehklage: „Ich elen- Röm. 7, 24
der Mensch! Wer wird mich erlösen von dem
Leibe dieses Todes“, oder, diesem Leibe des To-
des. Der Genitiv „des Todes“ ist wahrscheinlich
der Genitiv der Beziehung, wie in Röm. 8, 36, wo Röm. 8, 36
das Griechische „Schafe des Schlachtens“ bedeu-
tet und übersetzt wird mit „Schlachtschafe“ (d.h.
zum Schlachten bestimmte Schafe). Ebenso hier:
„der Leib des Todes“ bedeutet der zum Tod Hebr. 9, 27
bestimmte Leib. Die Klage lautet dann: „Wer
wird mich von diesem erlösen?“ Die froh-
lockende Antwort ist: „Ich danke Gott (er wird Röm. 7, 24
mich erlösen) durch Jesus Christus, unseren
Herrn..“

Der nächste Vers gibt uns eine weitere Bezeichnung:

Röm. 7, 23, 25 5. *„Der Sinn."* Das hier für „Sinn" gebrauchte Wort (nous [Denksinn]) bezeichnet die neue Natur. Es wird wie „der Geist" im Gegensatz zum „Fleisch" angewandt, weil es das Inwendige und
Röm. 7, 25 Unsichtbare bezeichnet. Dieser „Sinn" dient
Röm. 7, 22 dem Gesetz Gottes und hat Wohlgefallen an ihm
Röm. 7, 23 (Vers 22). Deshalb steht in Vers 23 „das Gesetz
Röm. 8, 9 des Sinnes" für „das Gesetz Gottes".

6. Eine andere Benennung ist *Christi Geist* oder Christus-Geist (Pneuma Christou). Im Griechischen steht kein Artikel. Es handelt sich nicht um einen anderen Namen für den Heiligen Geist, noch um einen von dem Heiligen Geist verschiedenen Geist; denn der Geist des Menschen Christus war wesenhaft und wurde als solcher dem
Luk. 33, 46 Vater beim Sterben übergeben. Es gibt keinen anderen Geist Christi. Dieser Pneuma Christou ist vielmehr die neue Natur, die uns zu „Söhnen Gottes" macht, wie er „der Sohn Gottes" ist. Im Galaterbrief finden wir näheren Aufschluß über
Gal. 4, 6 die Lehre des Römerbriefes, und in Gal. 4, 6 erhalten wir die Erläuterung von Röm. 8, 15: „Weil ihr denn Söhne seid, so hat Gott den Geist (pneuma) seines Sohnes in eure Herzen gesandt, welcher ruft Abba, d. h. mein Vater."

Darum ist Christus-Geist ein anderer Name
Röm. 8, 15 für den „Geist der Sohnschaft" (pneuma whyothesias).

So wird die neue Schöpfung in uns Christus-Geist (Pneuma Christou) benannt, weil „der Heilige Geist selbst mit unserem Geiste (oder unserer neuen Natur) bezeugt, daß wir Kinder
Röm. 8, 16. 17 Gottes sind. Wenn aber Kinder, so auch Erben,

Erben Gottes und Miterben Christi".

Daher kann man in Wahrheit sagen: „Wenn jemand den Christus-Geist (den Pneuma Christou, oder die neue Natur) nicht hat, der ist nicht sein." Denn Christus ist der Sohn Gottes, und alle Söhne Gottes besitzen die kostbare Gabe eines „Geistes der Sohnschaft". Deshalb wird der Christus-Geist (Pneuma Christou) genannt. Röm. 8, 9

Wenn wir Söhne Gottes sind, sind wir mit Christus „auch Erben, nicht allein Erben Gottes, sondern Miterben Christi, wenn wir anders mitleiden, auf daß wir auch mitverherrlicht werden". Diese kostbare Wahrheit wird uns durch den Namen Christus-Geist mitgeteilt. Daß die neue Natur so heißt, ist ein Zeichen und Merkmal dafür, daß es sich um den Geist der Sohnschaft handelt, weil „er die, welche er zuvor erkannt hat, auch zuvor bestimmt hat, dem Bilde seines Sohnes gleichförmig (zu sein), damit er der Erstgeborene sei unter vielen Brüdern". Röm. 8, 17 Röm. 8, 29

Welch hohes Glück ist es doch, zu den Söhnen Gottes zu gehören! Sind wir uns darüber klar, daß Pneuma Christou (oder die neue Natur) unser Recht auf diesen hohen Namen besiegelt? Daß wir nicht nur Knechte, sondern Söhne sind? Nicht nur das Volk Gottes, sondern die „Söhne Gottes"? Daß wir Anteil haben an allen Segnungen seines geliebten Sohnes? Ja, daß wir Teilhaber sind: Joh. 1, 12

Seiner Sohnschaft. 1. Joh. 3, 1—3
Seiner vollkommenen Gerechtigkeit. Phil. 3, 9
Seiner Heiligkeit. 1. Kor. 1, 30
Seines Friedens. Phil. 4, 7
Seines Vaters geheimer Pläne. Eph. 1, 9
Seines Vaters Liebe. 1. Joh. 3, 1

Phil. 3, 21 Seines herrlichen Auferstehungsleibes.
Röm. 8, 17; Kol. 3, 4 Seiner zukünftigen Herrlichkeit.
1. Joh. 3, 2 Seiner selbst.
1. Thess. 4, 17

So lieb, so kostbar sind wir Gott,
Wir könnten ihm lieber nicht sein;
Denn in Christus, dem erstgeborenen Sohn
Sind wir geliebt so wie er, so rein.

Und das alles, weil Gott in uns eine neue Natur geschaffen hat, die er Christus-Geist (Pneuma-Christou) nennt.

Aber unterdessen ist es hier auf der Erde unser Vorrecht, an seiner Verwerfung teilzunehmen.
1. Joh. 3, 1 „Die Welt erkennt uns nicht, weil sie ihn nicht erkannt hat."

Laßt uns darüber nicht murren oder niedergeschlagen sein; freuen wir uns vielmehr darüber, daß wir eines so hohen Vorrechtes würdig geachtet werden. Gerade diese Tatsache verbindet uns mit ihm aufs engste im Glauben, in der Hoffnung und in der Liebe. „Denn ich halte dafür, daß die Leiden der Jetztzeit nicht wert sind, (verglichen
Röm. 8, 18 zu werden) mit der zukünftigen Herrlichkeit, die an uns geoffenbart werden soll."

Daß wir durch eine religiöse Welt und eine verweltlichte Kirche abgelehnt werden, muß für uns das beglückende Zeichen dafür sein, daß wir Söhne Gottes sind und darum Teilhaber des Christus-Geistes, oder der neuen Natur, welche
Röm. 8, 9 die Gabe Gottes ist.

In ein und demselben Vers und in Verbindung mit diesem Namen wird der neuen Natur ein anderer Name gegeben. Dieser ist:

7. *Gottes Geist* (Pneuma-Theou), im Griechischen heißt es wörtlich „Gottes Geist". Nicht

„der Geist“ (denn es ist kein Artikel da), sondern „Gottes Geist“. Das zweimalige Vorkommen dieses Ausdrucks in Röm. 8 sagt uns alles, was wir über diese Seite der neuen Natur erfahren können. Sie heißt deshalb so — das ist der damit verbundene Gedanke — weil sie von Gott stammt. Gott ist es, der die neue Natur schafft und schenkt.

Sie ist „neu“ im Gegensatz zur alten.

Sie ist „Geist“ weil sie im Widerspruch zum „Fleisch“ ist.

Sie ist „inwendig“ im Gegensatz zum äußeren Menschen.

Sie ist „unsichtbarer Sinn“ (Denksinn) im Gegensatz zum sichtbaren Leibe.

Sie ist „Geist Christi“ oder Geist der Sohnschaft im Gegensatz zum Geist der Knechtschaft.

Sie ist „Gottes Geist“ (Pneuma Theou), weil sie von oben, von Gott stammt; sie ist geboren nicht „aus dem Geblüt, noch aus dem Willen des Fleisches, noch aus dem Willen des Mannes, sondern *aus Gott*“. Joh. 1, 13

Diejenigen, die so geboren (erzeugt) sind, sind „Söhne Gottes“ und haben das Recht, so genannt zu werden.

Die zwei Verse, Röm. 8, 9. 14, in welchen diese Bezeichnung für die neue Natur gebraucht ist, sagen uns alles, was wir hierüber erfahren können. Röm. 8, 9. 14

„Ihr seid nicht im Fleisch, sondern im Geist (Pneuma), wenn anders Gottes Geist (Pneuma Theou) in euch wohnt.“ Röm. 8, 9

„Welche der Geist Gottes leitet, die sind Söhne Gottes.“ Röm. 8, 14

Joh. 1, 12. 13 Damit sind die Namen der neuen Natur vollständig. Aus ihnen erfahren wir die kostbaren Wahrheiten, die in ihnen geoffenbart sind. Jeder Name zeigt uns eine neue Seite und eröffnet uns eine besondere Wahrheit, die mit ihm verbunden ist.

Wie wir zuerst die Namen und Kennzeichen der alten Natur und dann ihr Wesen und ihr Ende dargestellt haben, so haben wir nun das erstere bezüglich der neuen Natur getan und werden unsere Bemerkungen über das letztere im nächsten Kapitel vortragen.

# IV. Wesen und Ende der neuen Natur

Jetzt sind wir in der Lage, zu betrachten, was uns über die neue Natur selbst gesagt wird. Wir haben ihre verschiedenen Namen und Merkmale betrachtet und möchten nun erfahren, was über ihr Wesen und Ende ausgesagt ist.

1. *Sie kann nicht verändert werden.*

In dieser Hinsicht ist sie der alten Natur gleich: „Was aus dem Geist geboren ist, ist Geist“ und bleibt Geist. Keine bekannte Macht vermag sie jemals in Fleisch umzuwandeln oder ihr Wesen zu ändern. Sie ist göttlich in ihrem Ursprung und vollkommen in ihrer Natur. Joh. 3, 6 1. Joh. 5, 18 1. Joh. 3, 9 1. Joh. 5, 18

Ihr Ursprung ist der Geist Gottes. Joh. 6, 63

Ihre Urkunde ist das Wort Gottes. Sie wird nicht verändert oder beeinflußt durch irgendwelche Schwächen, Fehler oder Sünden des Fleisches. 1. Petr. 1, 22.23

Durch sie sind wir zu Söhnen Gottes gemacht; sie ist das Kennzeichen dafür, daß Gott unser Vater ist. Die Gabe dieser neuen Natur oder des Geistes, wird unsere „Versiegelung“ genannt, die im Glauben unser ist[1]. Eph. 1, 13

Sobald wir einmal diese herrliche Wahrheit erkennen und glauben, wird es für uns schwierig,

---

[1] Nicht nachdem ihr geglaubt habt, wie manchmal übersetzt wird. Im Grundtext steht kein nachdem. Es ist einfach das Partizip und kann übersetzt werden im Glauben, glaubend, oder da ihr gläubig wurdet (Luther). Dasselbe ist der Fall mit: nachdem ihr gehört habt, im ersten Teil des Verses, welches heißen sollte: hörend, im Hören oder als ihr gehört habt. Eph. 1, 13

Anmerkung des Übersetzers: Im Griechischen steht hier der Aorist, der die eingetretene oder abgeschlossene Handlung bezeichnet.

wenn nicht unmöglich, zu bitten: „Nimm deinen Heiligen Geist nicht von uns."

Nein! Gott wird niemals seinen Kindern den neuen Geist wegnehmen, den er in sie gepflanzt hat; denn die Gnadengaben und Berufung Gottes sind unbereubar. Wenn Israel, obgleich für eine
Röm. 11, 29 Zeit bei Seite gesetzt (nicht weggeworfen), „ge-
Röm. 11, 28 liebt ist um der Väter willen", so sind die Söhne Gottes geliebt um seiner selbst willen. Denn, wie
Röm. 8, 29. 30 geschrieben steht: „Welche er zuvor bestimmt hat (dem Bilde seines Sohnes gleichförmig zu sein), diese hat er auch berufen; und welche er berufen hat, diese hat er auch gerechtfertigt; und welche er gerechtfertigt hat, diese hat er auch verherrlicht." Die Gnade verbürgt die Herrlich-
Psalm 84, 11 (12) keit; denn: „Der Herr wird Gnade und Herrlichkeit geben." Wenn er die Gnade gibt, so ist dies das Unterpfand, daß er die Herrlichkeit geben
Kol. 1, 28 wird. So muß es sein. Er wird uns nicht „vollkommen in Christus" machen und dann als unvoll-
1. Kor. 1, 30 kommen verwerfen. Er wird nicht Christus zu unserer Gerechtigkeit und Heiligkeit machen und dann sein eigenes Werk wieder zerstören.

Kol. 2, 10 Wenn wir einmal in Christus „vollendet" sind, können wir eben nicht unvollendet sein. Er wird
Psalm 138, 8 das Werk seiner Hände nicht verleugnen oder aufgeben.

Dieses Geheimnis war „zuvor bestimmt durch Gott vor den Zeitaltern", und dies geschah, wie
1. Kor. 2, 7 ausdrücklich erklärt wird, „zu unserer Herrlichkeit". Wir können daher völlig sicher sein, daß sein Plan nicht mißlingen kann und wird; und daß er „in unserer Herrlichkeit" enden wird.

Die neue Natur ist ein Geschenk der freien Gnade Gottes; sie wird notwendigerweise in der

ewigen Herrlichkeit Gottes enden. Sie kam von Gott und muß zu Gott zurückkehren. Diese neue Natur kann nicht verwirkt werden, nein, nicht einmal durch Sünde; denn gerade für diese Möglichkeit ist in 1. Joh. 2, 1. 2 Vorsorge getrof- 1. Joh. 2, 1. 2
fen: „Wenn jemand sündigt — wir haben einen Fürsprecher bei dem Vater, Jesus Christus, den Gerechten, und er ist (und bleibt) die Versöhnung für unsere Sünden."[1]

Gerade in dem Zusammenhang mit dem Sündigen werden wir daran erinnert, daß Gott noch unser „Vater" ist und daß wir noch seine Kinder sind: daß unsere Verwandtschaft nicht aufgehoben worden ist.

„Wenn jemand sündigt." Was dann? In diesem Falle wird uns dann nicht gesagt, was *wir* sind, sondern was Christus ist. Wir werden nicht daran

---

[1] Nicht allein aber für die unseren (als Juden), sondern auch für die ganze Welt. Dies bedeutet die ganze Welt ohne Unterschied. Denn unter dem Alten Bunde war die Versöhnung der Sünde nur für Israel vorgesehen. Aber nun ist die Versöhnung ohne eine solche Unterscheidung vorhanden. Es kann nicht meinen: Ohne Ausnahme; weil nicht alle die Errettung annehmen — und wir hätten keine Veranlassung, ein weiteres Wort zu schreiben. Der Gegensatz zwischen Juden und Heiden ist durch das für die „unseren" gebrauchte besondere Wort hervorgehoben. Das Wort „unsere" kommt in diesem kurzen Satze zweimal vor. Das erste ist das einfache persönliche Fürwort hémon, unser, Das zweite ist das Wort hémeteros, welches die unseren in einem ganz besonderen, eindeutigen und genauen Sinn bedeutet; die unseren in geradem Gegensatz zu anderen, festgestellt oder klar in sich abgegrenzt. Siehe alle anderen Stellen, wo letzteres Wort vorkommt: Apg. 2, 11 unsere Sprachen; 24, 6 unser Gesetz; 26, 5 unsere Religion; Röm. 15, 4 unsere Belehrung; 2. Tim. 4, 15 unsere Worte. Titus 3, 14 die Unsrigen (welche besonders zu uns gehören); 1. Joh. 1, 3 unsere Gemeinschaft. So hier: „Er ist die Versöhnung für unsere Sünden, nicht allein aber für die unseren (als Juden), sondern auch für die ganze Welt (ohne Unterschied)."

erinnert, was wir getan haben, sondern was er getan hat. Wir werden nicht auf uns selbst und unser Bekenntnis gewiesen, vielmehr werden unsere Blicke aufwärts auf Christus und sein Amt gerichtet. Unsere Gedanken werden nicht mit unserer Demütigung beschäftigt, sondern mit der „Versöhnung Christi“, welche stets vor dem Vater ist; denn Christus ist dort und wir sind in ihm auch dort.

Unser Bekenntnis geschah ein für allemal, als
1. Joh. 1, 9 wir, aus Gnaden, den Platz des verlorenen Sünders einnahmen und als wir, im Glauben unsere Hand auf Christus als das Sündopfer legten und uns dort als verlorene Sünder bekannten.

Damals wurden wir „versiegelt“ (in diesem Glauben), und unsere Lage und Stellung vor Gott wurde gesichert und versichert durch die Gabe der neuen Natur.

So sicher ist unsere Stellung in Christus, daß zwei Fürsprecher oder Tröster vorgesehen sind. Das Wort heißt Paraklétos und bedeutet einen, der dazu berufen ist, jemand beizustehen, sei es zum Trost oder zur Verteidigung, oder wozu er auch immer gebraucht wird. Es kommt nur in den Schriften des Johannes vor, und ist in seinem Evangelium durch „Tröster“, in seinem (ersten) Brief durch „Fürsprecher“ übersetzt.

Doch die Tatsache bleibt, daß Christus in dem Evangelium uns sagt, daß wir einen Fürsprecher (den Heiligen Geist) bei uns haben, auf daß wir nicht sündigen, und der Heilige Geist sagt uns in dem Briefe, daß wir einen anderen Fürsprecher (Jesus Christus, den Gerechten) bei dem Vater haben, wenn wir sündigen. Demnach ist alles vorher bekannt und vorhergesehen; auch ist für alles

Vorsorge getroffen, und nichts kann diese wunderbare Gabe Gottes verwirken. Noch wird Gott je seine Gabe zurücknehmen, oder den Geist, die neue Natur, von uns nehmen, welche er in uns, seine Söhne, eingepflanzt hat, da er uns so als seine Kinder versiegelte.

2. Die neue Natur ist *„Leben und Friede"*. Der Leib ist tot (d.h. geachtet als gestorben zu sein) der Sünde wegen, aber der Geist (oder die neue Natur) ist Leben der Gerechtigkeit wegen. Röm. 8, 6

Die Gabe der neuen Natur — für alle, die mit Christus gestorben und dadurch hinfort gerecht sind in seiner Gerechtigkeit —, ist „Ewiges Leben". Gerade deshalb sagt der Herr Jesus: „Sie werden nimmermehr umkommen und niemand wird sie aus meiner Hand reißen." Dies sagte er, weil sie die Gabe des ewigen Lebens empfangen hatten. Joh. 10, 28

Wie das Ende der alten Natur „der Tod" ist, so ist das Ende der neuen Natur „das Leben" — „ewiges Leben", welches kein Ende hat. Daher steht geschrieben: „Wer auf sein Fleisch (die alte Natur) sät, der wird von dem Fleische das Verderben ernten. Wer aber auf den Pneuma (oder die neue Natur) sät, der wird von dem Pneuma ewiges Leben ernten." Gal. 6, 8

Darin ist eine dritte Wahrheit und Tatsache enthalten, die das Ende der neuen Natur betrifft. Sie ist das größte und gesegnetste Ergebnis des Besitzes dieser unschätzbaren Gabe, nämlich:

3. Der Ausgang und das Ende der neuen Natur wird *Entrückung und Auferstehung* sein. Denn „wenn der Pneuma (d.h. die Gabe des Geistes, oder die neue Natur) dessen, der Jesum aus (den) Toten auferweckt hat, in euch wohnt, so wird er, Röm. 8, 11

der Christum aus (den) Toten auferweckt hat, auch eure sterblichen Leiber lebendig machen wegen seines in euch wohnenden Pneuma (oder Geistes, d. h. der neuen Natur)".

Beachten wir, daß zweimal in diesem einen Vers die Auferstehung des Herrn erwähnt ist. Zuerst die Tatsache seiner eigenen Auferstehung als „Jesus" (der Demütige, erniedrigt bis zum Tode), dann die Lehre, daß er als „Christus", der
1. Kor. 12, 12 Verherrlichte, als Haupt des Leibes erhöht wurde und so die Auferstehung aller Glieder dieses Leibes notwendig macht. Weil diese Glieder
Röm. 8, 9 „Gottes Geist" (oder Pneuma-Christou) besitzen, werden sie (von seiten Gottes) als solche betrachtet, die damals mit auferstanden, als er,
Phil. 3, 10 das Haupt des Leibes, auferstand. Das ist die Erkenntnis „der Kraft seiner Auferstehung".

Das ist etwas ganz anderes als die Erkenntnis, welche durch Tradition heutzutage gelehrt wird. Der Besitz dieser neuen Natur ist, wenn richtig verstanden, das sichere und gewisse Pfand, daß wir tatsächlich wieder lebendig gemacht werden und daß die sterblichen Leiber, die wir in unserer
Phil. 3, 21 jetzigen Erniedrigung haben, dem herrlichen Leibe des auferstandenen Christus gleich gemacht werden.

Kein Wunder, daß diejenigen, welche die Lehre von den zwei Naturen nicht verstehen, auch die Lehre von der Auferstehung nicht verstehen können. Kein Wunder, daß sie durch falsche Hoffnungen sowohl für dieses als auch für jenes Leben irregeführt werden.

In diesem Leben werden sie von der falschen Hoffnung beherrscht, daß zu verbessern, was niemals verbessert werden kann. Für das andere

Leben haben sie die falsche Hoffnung auf eine Herrlichkeit ohne Auferstehung, die nie in Erfüllung gehen kann.

Das eine ist eine vergebliche Arbeit, das andere eine grundlose Hoffnung.

Beide machen die sicheren und gewissen Worte der Schrift unwirksam; denn „unsere sterblichen Leiber werden lebendig gemacht“, wenn wir, „mit unserer vom Himmel stammenden Behausung (oder unserem geistlichen Leibe), überkleidet werden, auf daß das Sterbliche verschlungen 2. Kor. 5, 2—4
werde von dem Leben. Und zwar geschieht das in der Auferstehung, nicht vorher und deshalb nicht im Tode, daß „dieses Verwesliche (dieser 1. Kor. 15, 54
Leib) Unverweslichkeit anziehen und dieses Sterbliche (dieser Leib) Unsterblichkeit anziehen wird“.

Wer an hergebrachten Meinungen festhalten will, untergräbt diese köstliche Wahrheit und behauptet, daß das alles im Tode vor sich gehe. So wird die Lehre von den zwei Naturen ihrer herrlichen Krone beraubt, nämlich der seligen Hoffnung, daß er, der Christum aus den Toten auferweckt hat, auch unsere sterblichen Leiber lebendig machen wird, um seiner göttlichen Na- Röm. 8, 11
tur willen, die in uns wohnt. So wird die gesegnete Hoffnung auf die Entrückung und Auferstehung dadurch beseitigt, daß tatsächlich gesagt wird, „die Auferstehung sei schon geschehen“. 2. Tim. 2, 18

Statt daß sich die modernen Lehrer mit der Sprache der Hl. Schrift begnügen, nehmen sie Zuflucht zu der Sprache der Heiden und der Idealisten. Statt der gewissen und sicheren Worte Gottes werden die Ausdrücke der letzteren angenommen.

So wird das Menschenwort „heimgehen“, an
1. Kor. 15, 51 Stelle des Schriftwortes „entschlafen“ gesetzt.
„Kein Tod“ heißt es da, statt des Wortes Gottes
„Tod“. Und ein gegenwärtiger „Übergang“ steht
an Stelle der zukünftigen „Verwandlung“.

„Es gibt keinen Tod,
Was so scheint, ist Übergang.“

Diese falschen Ausdrücke sind vom Idealismus
entlehnt, das Zitat stammt von dem platonischen
Dichter, und beide stehen in völligem Widerspruch
mit der Sprache des Wortes Gottes. Die
2. Kor. 4, 2 Schrift nennt es „das Wort Gottes verfälschen“.
Auf einen Verstorbenen wurde der Text angewandt:
„Er war nicht mehr, denn Gott nahm ihn
hinweg.“ Dieses wird jedoch in der Schrift von
Henoch gesagt, welcher gar nicht starb und des-
Hebr. 11, 5 halb nie eine Auferstehung brauchte. Henoch
war „entrückt“, damit er den Tod nicht „sähe“,
1. Mose 5, 24 was 1. Mose 5, 24 mit anderen Worten heißt: „Er
war nicht mehr, denn Gott nahm ihn hinweg.“
Aber heute werden diese Worte auf jemanden
angewandt, der tatsächlich starb. Was ist damit
anders gesagt, als daß der Verstorbene durch den
Tod das erlangte, was Henoch nur durch die
Entrückung zuteil ward? Was ist das im Grunde
anders als die Leugnung der Auferstehung überhaupt,
und statt dessen zu sagen (wenigstens mit
2. Tim. 2, 18 Bezug auf den Verstorbenen): „Die Auferstehung
ist schon geschehen“? Was ist das anderes
als die Lehre derer, deren „Wort um sich fressen
wird wie ein Krebs ..., welche von der Wahrheit
abgeirrt sind ... und den Glauben umkehren“,
nicht etlicher, sondern vieler?

Ein hervorragender amerikanischer Physiologe
schrieb in einem Wochenblatt die kurze Bespre-

chung eines Berichtes über den Tod und schloß mit den Worten: „Eine ihrer selbst bewußte Seele muß im Tode entweder den Augenblick sehen, wo sie es mit einem Richter zu tun hat oder wo sie zu einem Heiland eilt. Dies mag altmodisch sein, es ist aber wahre Lehre."

Ja, es ist „alt", so alt als 1. Mose 3, 4, aber es ist keine „Wahrheit". Es mag „Lehre", es mag „Theologie" sein, aber es ist nicht „Schrift". 1. Mose 3, 4

Die Schrift versichert uns, daß „wir, die wir leben und übrig bleiben (bis zur Ankunft des Herrn), den Entschlafenen keineswegs zuvorkommen werden". 1. Thess. 4, 15

Nach der obigen „altmodischen Lehre" jedoch werden wir ihnen zuvorkommen, weil wir ohne Auferstehung und ohne Entrückung „zu einem Heiland eilen" werden; nach dieser Lehre aber geht es durch Sterben und nicht, indem wir leben und übrigbleiben bis „zur Ankunft des Herrn".

Nach obiger „Lehre" müßte es 1. Thess. 4, 16 geschrieben heißen: „Wir, die wir leben und übrigbleiben ..., werden denen folgen, welche uns vorangegangen sind." 1. Thess. 4, 16

Aber so steht es nicht geschrieben. Und diejenigen, welche mit dem Worte Gottes sich begnügen, werden auch fernerhin „die glückselige Hoffnung" festhalten und „den Sohn Gottes vom Himmel erwarten". Wir wollen die „glückselige Hoffnung", welche Gott uns in seinem Wort gegeben hat, nicht vertauschen mit dieser falschen und grundlosen Hoffnung, welche der große Feind der Wahrheit erfunden hat, den Irrtum, der in Babel geboren, in der Tradition genährt und durch religiöse Menschen aller Art verteidigt wurde. Eine falsche Hoffnung, die den 1. Thess. 1, 10

Heiden und Idealisten, wie auch jedem großen falschen Religionssystem gemeinsam, dem sicheren Worte Gottes aber unbekannt ist. Wohl sagte der Heiland von eben dieser Auferste-
Matth. 22, 29 hungslehre: „Ihr irret, indem ihr die Schriften nicht kennt, noch die Kraft Gottes." Nein! Wir
2. Kor. 5, 4 möchten wie der Apostel Paulus nicht „entkleidet" werden im Tode, sondern möchten warten auf unsere Entrückung, wenn „der Herr selbst vom Himmel herniederkommen wird". Wenn wir nach Gottes Willen entschlafen sollen, so haben wir die sichere und gewisse Hoffnung auf die Auferstehung, „und sehnen uns, mit unserer vom Himmel stammenden Behausung (oder unserem Leib, Vers 2) überkleidet zu werden, auf
2. Kor. 5, 4 daß das Sterbliche verschlungen würde von dem Leben" und daß wir in unseren, dem herrlichen
Phil. 3, 21 Leib des Herrn gleichförmig gemachten Auferstehungsleibern allezeit „daheim sein werden bei dem Herrn".

2. Kor. 5, 1—9 Der Abschnitt 2. Kor. 5, 1—9, der mit einem „denn" einsetzt, ist die Schlußfolgerung aus der Darlegung, welche 2. Kor. 4, 14 begann mit den Worten:

2. Kor. 4, 14 „Indem wir wissen, daß er, der den Herrn Jesus auferweckt hat, auch uns mit Jesus auferwecken und mit euch darstellen wird."

Das ist das herrliche Ende der neuen Natur. Wie die alte Natur in Tod und Verderben endet, so wird die neue Natur in Entrückung und Auf-
Röm. 6, 23 erstehung enden. Denn „der Lohn der Sünde ist (der) Tod, die Gabe Gottes aber ist das ewige Leben in Christo Jesu, unserem Herrn".

Das eine ist Gottes Gericht, das andere ist Gottes Gnade. Das eine ist der „Lohn" der

Sünde, das andere ist die „Gabe" der Gnade. Diese Gabe besitzen und genießen nur diejenigen, denen sie „gegeben" ist. Der Herr Jesus erklärte in seinem letzten Gebet, daß der Vater ihm Vollmacht gegeben hat, „daß er das ewige Leben gebe", allen, welche der Vater ihm gegeben hat. Darum steht geschrieben: „Dies ist das Zeugnis, daß Gott uns das ewige Leben gegeben hat, und dieses Leben ist in seinem Sohne. Wer den Sohn hat, hat das Leben; wer den Sohn Gottes nicht hat, hat das Leben nicht."

Joh. 17, 2.6.9.11.24

1. Joh. 5, 11. 12

Diese Worte enthalten eine göttliche Universalwahrheit, und sie gelten nicht nur für die Gemeinde, sondern auch für alle, welchen diese „Gabe gegeben" werden wird.

Insbesondere gelten sie für die, welche „in Christus" Söhne Gottes, Erben Gottes, Miterben Christi sind.

# V. Der Kampf zwischen den zwei Naturen

Röm. 6—8 Nachdem wir aus Römer 6—8 so mancherlei über die Kennzeichen der zwei Naturen gehört haben, wollen wir nun untersuchen, was Erfahrung und Schrift darüber sagen, wie sie in derselben Persönlichkeit zusammen wohnen. Dies finden wir hauptsächlich in Römer 7.

Jedes Kind Gottes hat die Erfahrung, aber nicht jedes kennt die Lehre der Schrift. Dadurch entstehen Unruhe und Verwirrung, Zweifel und Angst. Wir werden keine Ruhe finden und keinen Frieden haben, bis wir aus dem Worte Gottes gelernt haben, was dort über den Kampf zwischen den zwei Naturen gesagt ist.

Die Erfahrung dieses Kampfes ist Kummer und Unruhe, und nur die Erkenntnis der wahren Lehre darüber kann diese Not beseitigen. Und sie wird nicht nur beseitigt, sondern wir werden gleichzeitig mit einer unerschütterlichen Gewißheit unserer Gotteskindschaft erfüllt, wie sie größer hier auf Erden nicht möglich ist. Die Erfahrung dieses Kampfes ist das einzige, worin das wahre Kind Gottes sich vom bloßen Bekenner unterscheidet. Der letztere weiß davon nichts, noch von dem dauernden Bewußtsein des inneren Verderbens, welches diese Erfahrung immer verursacht. Gerade diese Tatsache der Erfahrung dieses Kampfes ist daher die beste und die einzige wirkliche Versicherung, welche wir haben können,
1. Joh. 3, 9 nen, daß wir „aus Gott geboren“ sind; daß wir
Eph. 2, 10 „sein Werk“ sind und daß er das gute Werk in uns
Phil. 1, 6 begonnen hat, welches er fortsetzen und zur
Vollendung hinausführen wird.

Das richtige Verständnis der Lehre über diese Erfahrung gibt uns Frieden und Trost; ohne sie ist alles Kummer, Unruhe und Verwirrung.

Das bildet den Inhalt von Röm. 7. Laßt uns nun sehen, wie sich dieses Kapitel zum ganzen Aufbau des Briefes verhält. Es bildet den Teil eines größeren Abschnitts, der mit Kapitel 5, 12 beginnt und bis zum Ende des 8. Kapitels reicht. Röm. 8, 39
Der Gegenstand desselben ist die Sünde (oder die alte sündige Natur).

Der Aufbau von Röm. 5, 12 bis 8, 39:

A 5, 12—21. Verdammnis vieler zum Tod durch den Ungehorsam eines einzigen, aber Leben und Gerechtigkeit durch den Gehorsam eines einzigen — Jesu Christi.

B 6, 1—7, 6. Wir sind nicht in der Sünde, weil gestorben mit Christus.

B 7, 7—25 Die Sünde ist in uns, obschon wir mit Christus auferstanden sind.

A 8, 1—39. Verdammnis der Sünde in dem Fleische, aber keine Verdammnis derer, welche Leben und Gerechtigkeit in Christus Jesus haben.

Aus dem Aufbau dieser Stelle ersehen wir, daß der Kampf durch die Sünde (d. i. die alte sündige Natur) entsteht, welche in uns ist, obgleich wir mit Christus auferstanden sind. Das ist der Inhalt des Kapitels 7, vom siebenten Verse an (nicht des ganzen Kapitels). Die ersten sechs Verse des Kapitels 7 gehören zu Kapitel 6 und der Zweck des Röm. 6, 1—7
Teiles B ist, zu zeigen, daß wir nicht mehr in der Sünde sind oder nicht mehr als unter der Verdammnis der Sünde stehend angesehen werden, sofern wir in Christus gestorben sind.

Röm. 7, 1—6 Der Zweck dieser Verse ist, zu zeigen, daß die Herrschaft des Gesetzes nur zu Lebzeiten ausgeübt werden kann (Vers 1). Der Tod macht uns los von dem Anspruch des Gesetzes auf uns (Vers 2). Dies wird erläutert durch den Vergleich mit einer Ehefrau, die sich wieder rechtmäßig verheiraten darf, wenn ihr Ehemann gestorben ist (Vers 3). Die Schlußfolgerung ist, daß wir, die wir mit Christus gestorben sind (Vers 4), frei sind von dem Gesetz und mit Christus in einer ganz neuen Lebenssphäre oder einem ganz neuen Boden — im Auferstehungsleben (Vers 4) — vereinigt werden können. Wir sind, als mit Christus gestorben, gänzlich frei von der Autorität, der Macht und den Forderungen des Gesetzes.

Dieser Gedankengang kann auf folgende Weise dargestellt werden:

Römer 7, 1—6:

| | |
|---|---|
| C / 7, 1. | Die Herrschaft des Gesetzes während des Lebens. |
| D / a / 2. | Der Tod befreit das Weib von den Forderungen des Gesetzes. |
| b / 3. | Ergebnis: Verbindung mit einem anderen Ehemann. |
| D / a / 4. | Unser Tod in Christus befreit uns von den Forderungen des Gesetzes. |
| b / 4. | Ergebnis: Verbindung mit Christus. |
| C / 5. 6. | Befreiung von der Herrschaft des Gesetzes durch den Tod. |

Jetzt verstehen wir, daß, obgleich wir nicht mehr in unseren Sünden sind, die Sünde doch in uns ist; und daß von dem Augenblick an, da die neue Natur in uns gepflanzet ist, das Dasein der alten Natur offenbar wird, und der Kampf zwischen den beiden beginnt. „Dieselben sind wider einander, so daß ihr nicht das tun könnt, was ihr wollt." Die zwei Naturen wohnen also nebeneinander in derselben Persönlichkeit. Wenn das Pfropfreis einer Rose auf einen wilden Rosenstock oder eines Apfels auf ein Holzapfelbäumchen gesetzt wird, so ist es *ein* Baum; aber alles, was von dem Pfropfreis hervorgebracht wird, ist die neue Fruchtart, während alles, was von dem alten Stamm, unterhalb des Pfropfreises, hervorgebracht wird, von der Natur des alten Baumes ist und mit dem Messer sorgfältig und beständig abgeschnitten wird. Gal. 5, 17

Die Erfahrung ist so sehr verwickelt, daß es für die Sprache des Menschen schwierig ist, sie zu beschreiben oder zu erklären. Nur „das Wort Gottes" vermag dies, sonst nichts. „Es scheidet das, was von der Seele (d. h. seelisch, natürlich, von der alten Natur) ist, und das, was vom Geist (d. h. der neuen Natur) ist, und vermag zu richten (ja, zu verdammen) die Gedanken und Gesinnungen des Herzens (d. i. der alten Natur)". Hebr. 4, 12

Aus dem Herzen (der alten Natur) kommen alle bösen Gedanken. Das Wort Gottes ist fähig, diese „Gedanken und Gesinnungen" zu „richten"; und es befähigt uns, sie zu richten und zu verurteilen; ja, es befähigt uns, zu beurteilen und zu scheiden, was zur alten und was zur neuen Natur gehört. Matth. 15, 18—20

Da die zwei Naturen in derselben Person sind, bezieht sich das „Ich" in Röm. 7 bald auf die eine und bald auf die andere Natur. Daher lesen wir (Vers 18): „Denn ich weiß (als eine Tatsache aus dem Worte Gottes), daß in mir, das in meinem

Fleische (meiner alten Natur), nichts Gutes wohnt. Denn das Wollen (des Guten) habe ich wohl, aber das Vollbringen dessen, was gut ist (des guten Willens), finde ich nicht. (19): Denn das Gute, das ich will, übe ich nicht aus, sondern das Böse, das ich nicht will, das tue ich. (20): Wenn ich aber das, was ich nicht will, ausübe, so vollbringe nicht mehr ich dasselbe, sondern die Sünde, welche in mir wohnt. (21): So finde ich nun das Gesetz in mir, der ich das Gute ausüben will, daß mir das Böse anhanget. (22): Denn ich habe Wohlgefallen an dem Gesetz Gottes nach dem inwendigen Menschen (der neuen Natur); (23): aber ich sehe ein anderes Gesetz in meinen Gliedern, das dem Gesetz meines Sinnes (oder der neuen Natur) widerstreitet und mich in Gefangenschaft bringt unter das Gesetz der Sünde, das in meinen Gliedern ist."

Hier haben wir die ganz ausdrückliche Erklärung, daß die neue Natur (der „inwendige Mensch" und der „Sinn" genannt) „Wohlgefallen hat an dem Gesetz Gottes", während gleichzeitig die alte Natur (das „Fleisch" genannt) da ist, welcher es gefällt, ihrem eigenen Gesetze zu gehorchen und welche einen beständigen Krieg führt gegen die neue Natur.

Das Ergebnis dieser unaufhörlichen Fehde ist das Elend, welches das Ich veranlaßt, im nächsten
Röm. 7, 24 Verse auszurufen: „Ich elender Mensch!, wer wird mich erlösen von diesem Leibe des Todes[1]

[1] Dies muß als der Genitiv der Beziehung aufgefaßt werden, wie Röm. 8, 36, wo das Griechische „Schafe des Schlachtens" übersetzt wird: „Schlachtschafe", d. h. zum Schlachten bestimmte Schafe. Diese Lehre ist enthalten und vorgetragen Röm. 6, 12 und Hebr. 9, 27.

(diesem zum Tode bestimmten Leib)? Ich danke Gott[1], durch Jesum Christum, unsern Herrn." Ja, er wird alle, welche diesen Kampf in sich haben, auf dem einzig möglichen Weg erlösen: entweder durch Tod, Entrückung oder Auferstehung. Nur in der Entrückung oder in der Auferstehung wird der Tod „verschlungen in den Sieg". Dann werden wir nicht mehr rufen: „Ich elender Mensch", sondern: „Tod, wo ist dein Stachel? Hölle, wo ist dein Sieg?" Das wird das Ende dieses Kampfes sein. „Ich danke Gott (er wird mich erlösen) durch Jesus Christus; so rufen die Gläubigen jetzt in Geduld und Glauben. Der Augenblick wird aber kommen, wo sie gewißlich ausrufen werden: „Gott sei Dank, der uns den 1. Kor. 15, 54-57
Sieg gibt durch unseren Herrn Jesus Christus."

Im Blick auf diese beglückende Hoffnung schließt diese Enthüllung wohl mit der Ermahnung: „Seid fest, unbeweglich, allezeit überströmend in dem Werke des Herrn." Lasset euch nicht irremachen durch die wechselnden Erfahrungen in diesem Kampfe. Freuet euch aber über die gegenwärtige Zusicherung der Gnade, daß ihr vollkommen werden sollt in Christo Jesu; freuet euch über die Verheißung des zukünftigen Sieges, wenn wir gleich sein werden seinem eigenen Leibe in Herrlichkeit. So werden wir frei sein für die Arbeit im Werke des Herrn; ja, wir werden dann „überströmen" in demselben. Wir werden uns nicht länger abmühen, den Feind zu vernichten oder einen zeitweiligen Sieg über ihn zu erringen, wir werden vielmehr vorwärts blicken auf

[1] Einige, wie Lochmann, Tischendorf, Tregelles, Westcott Horst u. a. lesen: Aber Gott sei Dank.

den großen Endsieg, welchen er verheißen hat, zu „geben".

Es gibt eine Richtung der modernen Heiligungslehre, bei der diese Wahrheit ihrer ganzen Schönheit und Kraft beraubt wird. Sie gibt die Tatsache des Kampfes in uns zu, will uns aber zu dem hoffnungslosen Versuch antreiben, die alte Natur zu verbessern oder auszurotten. Im besten Falle bringt dies uns dahin, daß wir uns mit uns selbst beschäftigen, aber die ausdrücklichen Versicherungen des Wortes Gottes mißachten, nämlich, daß die alte Natur, oder das Fleisch, niemals verwandelt werden können.

Vorausgesetzt, die alte Natur könnte ausgerottet werden, wohin soll sie denn gehen? Was wird aus ihr? Sie ist „Fleisch" und nichts außer Tod und Auferstehung oder Entrückung kann die Bürde des „Fleisches" beenden. Weder die vollkommenste Hingabe (Auslieferung), noch der höchste Grad des Glaubens kann „das Fleisch" hinwegtun. Es ist aus dem Fleisch geboren und ist Fleisch. Es ist so viele Zentner schwer! Wie kann es ausgerottet werden? Und wer sollte es ausrotten?

Zu solchen Verwirrungen kommen wir, sobald wir Ausdrücke gebrauchen, die nicht schriftgemäß sind. Das Wort „Ausrottung" ist jedoch nicht nur nicht-schriftgemäß, es ist sogar schriftwidrig. Das Schriftwort heißt „Befreiung" und „Sieg" und zwar nicht Sieg über „Sünden" als solche, sondern über die Sünde selbst, über diesen zum Tode bestimmten Leib. Diese „Befreiung" wird nur in der Entrückung oder der Auferstehung erfahren werden.

Wir sind hier erlöst von unseren Sünden, und

zwar jetzt schon. Unsere Errettung durch und in Christus macht uns dessen gewiß. Gerade um Röm. 4, 25
dieser Sünden willen wurde er dahingegeben. Röm. 3, 25
Gott hat sie ausgetilgt, sie sind alle vergeben und Röm. 4, 7
zugedeckt. Wir sind nicht mehr in unseren Übertretungen und Sünden. Wir waren einmal in ihnen, wie geschrieben steht: „Auch euch (hat er Kol. 2, 13
lebendig gemacht), als ihr tot waret in (euren) Übertretungen und Sünden, in welchen ihr einst wandeltet nach dem Lauf[1] dieser Welt, nach dem Eph. 2, 1—3
Fürsten, der in der Luft herrscht, nach dem Geist, der jetzt wirket in den Söhnen des Ungehorsams (oder Unglaubens); unter welchen auch wir einst alle unsern Wandel hatten (oder unser Leben zubrachten) in den Lüsten unseres Fleisches (oder der alten Natur), indem wir den Willen des Fleisches und der Gedanken (unseres Herzens, oder der alten Natur) taten und von Natur Kinder des Zorns[2] (zum Zorn bestimmt) waren, wie auch die übrigen." „Denn um dieser Eph. 5, 6
Dinge willen kommt der Zorn Gottes auf die Söhne des Ungehorsams (oder Unglaubens)."

Aber von allen diesen „Sünden" sind wir erlöst Eph. 2, 13
worden und aus der „weiten" Ferne „nahe gebracht durch das Blut Christi".

Es handelt sich jetzt nicht um „die Sünden"; sondern um „die Sünde".

Wir sind nicht „in unseren Sünden";
aber „Sünde" ist noch in uns.

Das ist das große Thema von Röm. 7. Wir fühlen die Triebe und den Hang zur „Sünde"; ja,

---

[1] Griechisch: (aion) Zeitlauf.

**[2] Griechisch: „Kinder des Zorns"; aber ist der Genitiv der Beziehung wie in Röm. 8, 36. Siehe oben über Röm. 7, 24.**

wir fühlen sie am meisten dann, wenn wir Gutes tun wollen.

Diese Erfahrung ist allerdings traurig. Es scheint, als ob die alte Natur viel bösartiger sei, weil die neue vorhanden ist. Die neue Natur scheint die alte aufzureizen und ihren Widerstand noch erbitterter zu machen. Es ist gerade, wie ein alter Mieter den Einzug eines neuen übelnimmt. Erst wenn der neue Mieter sein gesegnetes Licht im Hause verbreitet, sehen und erkennen wir die Schäden und Mängel des alten. Dann sind wir ganz erstaunt, Neigungen und Lüste in uns wahrzunehmen, von deren Vorhandensein wir vorher keine Ahnung hatten. Einst ließen wir diesen Lüsten freien Lauf und hatten keine Empfindung für ihr wahres Wesen und ihre häßliche Art. Jetzt ist aber ein neuer Wille da, der die Glieder leitet. Diese standen einst unter der unumschränkten Herrschaft des alten Willens; nun aber sind sie von seiner Knechtschaft freigeworden. Der alte Wille herrscht nicht mehr über sie.
Röm. 6, 14 Der alte Wille ist zwar noch in uns und tut, was er kann, um unsere Glieder zu beeinflussen, aber er hat nicht mehr die Macht über sie.

Der Widerstreit zwischen den zwei Naturen in dem Kind Gottes kann mit dem auf einem Schiff verglichen werden, an dessen Bord die Eigentümer einen neuen Kapitän gesetzt haben. Der alte Kapitän hat so lange den Befehl geführt, und seine Feindschaft gegen die Eigentümer ist so groß, daß er mit dem Schiff umging, als ob es ihm gehörte. Die Mannschaft hielt er in völliger Knechtschaft. Sie war ihm ganz ergeben, da sie nie eine andere Herrschaft gekannt hatte. Wäre das der Fall gewesen, so hätte sie verstanden, was wahrer Freiheitsdienst ist. Von Zeit zu Zeit hatten sie wohl etwas davon gehört; auch kamen sie an anderen Fahrzeugen vorüber, welche, wie sie sofort sahen, von ihrem eigenen ganz verschieden waren. Nun aber, da der neue Kapitän die Vollmacht bekommen hat, fangen sie an, den Unterschied herauszufinden. Der neue Kapitän hat von nun an stets die Herrschaft über das Steuer und die Ladung des Schiffes. Das Schiff ist dasselbe, die Mannschaft ist dieselbe; sogar der alte Kapitän bleibt an Bord. Das Instruktionsbuch, welches der neue Kapitän an Bord gebracht hat, sagt, daß der alte Kapitän gerichtet und verurteilt worden ist. Das Urteil kann aber nur durch die zuständigen Gerichte vollzogen werden, wenn der Hafen erreicht ist. Sie können ihn zwar nicht an Land setzen oder über Bord werfen, aber er führt das Schiff nicht mehr. Von Zeit zu Zeit versucht er wohl wieder die Herrschaft über das Steuerrad zu bekommen, aber vergebens. Manchmal gelingt es ihm, seinen alten Einfluß auszuüben, indem er unter einigen Gliedern der Besatzung Mißmut erregt; denn er kennt sie und ihre Schwächen gut, aus der Zeit, da er über sie herrschte. Gelegentlich überredet oder verführt er einige von ihnen zum Ungehorsam, welchen sie hernach tief bedauern.

Doch an die „Schiffspapiere“ kann der alte Kapitän nicht mehr kommen. Diese sind nun ganz außer seinem Bereich. Er kann weder die Fahrtrichtung des Schiffes noch den Hafen verändern, nach dem es steuert. Er liest das Instruktionsbuch nicht, und wenn er hineinschaut, so versteht er es doch nicht. 1. Kor. 2, 14

Die Schiffsmannschaft war einst für ihn ein

gehorsames Werkzeug und führte nur seinen Willen aus; aber jetzt ist keines ihrer Glieder mehr verpflichtet, seinen Befehlen zu gehorchen oder seine Autorität anzuerkennen. Sie sind davon befreit und stehen hinfort unter den Befehlen des neuen Kommandanten. Sie halten den alten
Röm. 6, 11 Kapitän für bereits verurteilt und erwarten nur noch die Vollstreckung des Urteils. Was seine Gewalt über die Matrosen betrifft, so haben sie sich selbst für „gestorben" („so gut wie tot") zu halten, soweit es sich um Befehle des alten Kapitäns handelt.

Dieses Gleichnis erklärt uns die Stelle Röm. 6, 17—19: „Gott aber sei Dank, daß (obgleich)[1] ihr Knechte (oder Sklaven) der Sünde waret, aber von Herzen gehorsam geworden seid dem Vorbild[2] der Lehre, welchem ihr übergeben worden seid. (18): Und freigemacht von (der Herrschaft) der Sünde, seid ihr Knechte der Gerechtigkeit
Röm. 6, 17—19 geworden. (19): (Ich rede menschlich wegen der Schwachheit eures Fleisches): denn gleichwie ihr (einst) eure Glieder begeben habt zum Dienste der Unreinigkeit und der Ungerechtigkeit zur (zu wirken) Ungerechtigkeit, also begebet nun eure Glieder zum Dienste der Gerechtigkeit zur (zu wirken) Heiligkeit."

Wir wurden darum nicht nur von unseren Sünden erlöst, sondern auch diesem Vorbild oder
Eph. 4, 20 dieser Lehre unterstellt, wenn wir „Christus also

[1] Es ist klar, daß das Wörtlein en (obgleich), hier erfordert wird durch das nachfolgende de (aber) in der Apodosis (dem nächsten abhängigen Satzteil). Die Ellipsis muß deshalb im ersten Satzteil durch das Wort „obgleich" ergänzt werden.

[2] Griechisch: (typos) Vorbild.

gelernt“ haben in allen Dingen.

Die Frage ist aber die: Haben wir „Christus so gelernt“? und haben wir eine Erfahrung von der wunderbaren Erlösung, welche wir in ihm und durch ihn erlangt haben? Das ist die Anwendung, welche der Apostel von diesem „Vorbilde der Lehre“ macht, die Röm. 6 gegeben ist. Nachdem er davon sprach, wie die „anderen Heiden wandeln“, welche die Erlösung nicht kennen, wendet er sich an diese Heiligen in Ephesus und sagt:
„Ihr aber habt Christum nicht also gelernt, wenn Eph. 4, 20
ihr anders ihn gehört habt und von ihm gelehrt
worden seid, wie (die) Wahrheit in dem Jesus ist: Eph. 4, 21
daß ihr von euch abgelegt habt (alles) nach dem vorigen Wandel, den alten Menschen, der nach seinen betrügerischen Lüsten verdorben ist, aber erneuert werdet in dem Geiste eurer Gesinnung (oder neuen Natur), und angezogen habt den neuen Menschen, der nach Gott geschaffen ist in wahrhaftiger Gerechtigkeit und Heiligkeit. Deshalb, da ihr die Lüge abgelegt habt, redet die
Wahrheit, ein jeder mit seinem Nächsten, denn Eph. 4, 20—25
wir sind Glieder untereinander.“

Diese Stelle spricht von dem, was die Epheser infolge des Empfangs der neuen Natur getan hatten. Sie sagt ihnen nicht, was sie tun sollten. Es wurde ihnen nicht gesagt, sie sollten den alten Menschen ablegen. Das war schon geschehen. Sie werden erinnert an das, was sie bereits von oder über Christus „gelernt“ haben, und an die glückliche Lage des Gläubigen in dem Widerstreit zwischen den zwei Naturen. Dies ist die „Wahrheit“,
worüber die Glieder des einen Leibes miteinan- Eph. 4, 25
der reden sollten. Wir sollen einander daran erinnern, daß der alte Mensch seiner Herrschaft ent-

hoben worden ist, und daß wir unter die Herrschaft des neuen Menschen gebracht worden sind.

Die Aussageweisen und Zeitformen (Modi und Tempora) in dieser Stelle müssen sorgfältig beachtet werden. Denn, wenn wir die Lehre von den zwei Naturen nicht genau kennen, so entgeht uns der ganze Sinn dieses Abschnittes; und wird der Sinn nicht richtig erkannt, so können auch wir die Aussageweisen und Zeitformen nicht verstehen. Es handelt sich durchweg um Infinitive (Grundformen) der Vergangenheit und nicht um Imperative (Befehlsformen) der Gegenwart. Es sind nicht Gebote für uns, das zu tun, was bereits getan worden ist. Diesen Heiligen in Ephesus wurde hier nicht gesagt, etwas „abzulegen" oder „anzuziehen", sondern, da alles für sie und für uns von Gott getan ist, wird ihnen geboten, von dieser kostbaren „Wahrheit" mit den anderen Gliedern des einen Leibes zu „reden". Das sollen wir tun, wenn wir „so den Christus" (d. i. Christus) geistlich oder innerlich „gelernt" und „ihn gehört" haben und in ihm gelehrt worden sind.

Eph. 4, 21

Wir werden dies nicht tun, wenn wir auf Menschen gehört haben und durch Menschen gelehrt worden sind. Menschen werden uns lehren und sagen, daß wir die Pflicht haben, unser Leben daran zu setzen, „den alten Menschen auszuziehen", und uns zu bemühen, „den neuen Menschen anzuziehen". Sie werden uns in diese hoffnungslose Arbeit hineintreiben und unter eine neue Art Knechtschaft bringen, welche um so betrügerischer und gefährlicher ist, weil sie ein gutes Werk zu sein scheint. Es ist aber gleichwohl Knechtschaft.

Es ist nicht die „Wahrheit“, welche wir von Christus lernen. Es ist nicht „das Vorbild der Lehre“, dem wir unterstellt worden sind. Wir wurden nicht von einer Knechtschaft erlöst, um in eine andere zu geraten, so einleuchtend dies auch scheinen mag.

Entweder wissen die Menschen, die so lehren, nichts über die Lehre von den zwei Naturen und sind den Regeln und Vorschriften unterworfen, welche die alte Natur (die einzige, die diese Menschen kennen) beherrschen; oder, wenn man diese Lehre kennt, ist sie verdorben durch die Unkenntnis alles dessen, was „durch ihn gelehrt“ ist über unsere gegenwärtige Erlösung von der Herrschaft des alten Menschen durch das „Dafürhalten des Glaubens“ und über die zukünftige
Befreiung von ihr in der Auferstehung. Demge- Röm. 6, 11
mäß verkehren die Menschen diese gesegnete Röm. 7, 24
Lehre, indem sie versprechen, daß, wenn wir ihre 1. Kor. 15, 57
Vorschriften befolgen, wir jetzt die alte Natur loswerden können durch das eigene Tun der „Übergabe“; und so bahnen sie den Weg für eine gänzliche Mißachtung und Ausschaltung der einzigen Erlösung, welche Gott mit der Entrückung oder der Auferstehung durch unseren Herrn Jesus Christus“ verheißen hat, indem der Tod als unsere Hoffnung an deren Stelle gesetzt wird.

Aus diesem Grunde ging für die große Mehrheit der Gläubigen so lange „die selige Hoffnung“ auf das Kommen des Herrn verloren. Aus diesem Grunde wurde „die Hoffnung der Auferstehung“ durch die babylonische Überlieferung vom Tod und einem „Zwischenzustand“ ausgeschaltet. Leider wird diese Überlieferung allgemein an die Stelle des Wortes Gottes gesetzt.

Es gibt Verpflichtungen, welche die Lehre über die zwei Naturen uns auferlegt, und es gibt praktische Unterweisungen in bezug auf die beiden Naturen; dieselben sind aber alle in voller Übereinstimmung mit den Lektionen, welche
Tit. 2, 11—13 wir in der Schule der Gnade lernen, wo die Gnade selbst unser Heil und unser Lehrer zugleich ist.

# VI. Unsere Aufgaben der alten Natur gegenüber

Wir haben folgendes gesehen: Wenn auch die zwei Naturen in derselben Person nebeneinander wohnen, haben wir doch für jede derselben eine gewisse Verantwortlichkeit, welche nichts zu tun hat mit den Vorschriften, Grundsätzen, Anweisungen und Geboten der Menschen.

1. Unsere erste Aufgabe ist: Gottes Urteil über dieselbe anzuerkennen, *sie als mit Christus gestorben zu betrachten.*

Das Wort Gottes gibt uns keine Lehre, ohne uns die nötige Erklärung zu geben. Die Heilige Schrift ist „zu beidem nütze". Die Erklärung sagt uns, wie wir die Lehre anwenden sollen und zeigt uns, wie wir unsere Pflichten zu unserem Nutzen und Frieden erfüllen sollen. Wenn wir also dies als unsere erste Aufgabe anerkennen, dann werden wir dafür halten, daß unsere alte Natur „mit Röm. 6, 11
Christus gestorben ist".

Wir werden nicht im Zweifel darüber gelassen, was damit gemeint ist. Der Vers beginnt: „Also auch ihr." Worauf bezieht sich „Also auch"? Die vorhergehenden Verse sagen es uns:

„Denn wer gestorben ist, der ist gerechtfertigt[1] von der Sünde. Wenn wir aber mit Christo gestorben sind, so glauben wir, daß wir auch mit ihm (wieder) leben werden, da wir wissen, daß Christus, aus (den) Toten auferweckt, nicht mehr stirbt; der Tod herrscht nicht mehr über ihn. Denn was er gestorben ist, das ist er ein für Röm. 6, 7—11

---

[1] Griechisch: (dedikaiotai) steht als Gerechtfertigter da (es ist das Perfectum).

allemal der Sünde gestorben; was er aber lebt, lebt er Gott. Also auch ihr, haltet euch der Sünde für tot, Gott aber lebend in Christo Jesu."

Beachten wir, daß nicht gesagt ist, daß wir uns selbst als tot zu fühlen, oder daß wir das zu verwirklichen haben; sondern wir sollen uns „dafür halten" (ansehen, rechnen, schätzen), daß wir in Gottes Augen wirklich tot sind und zwar so, als ob es eine vollendete Tatsache wäre.

Diese fünf Verse folgen als eine Erklärung und
Röm. 6, 6 Veranschaulichung der im vorhergehenden Verse festgestellten Tatsache:

„Indem wir dieses wissen, daß unser alter Mensch mitgekreuzigt worden ist (mit Christo)."

Röm. 7, 6 Dieselbe Tatsache finden wir auch in Röm. 7, 6. „Jetzt aber sind wir von dem Gesetz (den Forderungen des Gesetzes) losgemacht (oder entlastet), da wir dem gestorben sind, in welchem wir festgehalten wurden."

Gal. 2, 20 Dasselbe wird bezeugt in Gal. 2, wo der Apostel eine wichtige und selbständige Wahrheit betont durch Anwendung einer Redefigur (Epanadiplosis), welche im Griechischen mit demselben Wort „Christus" den Satz beginnt und schließt, was diese Wahrheit verstärkt und hervorhebt, wodurch unsere Aufmerksamkeit auf sie gelenkt und an ihr festgehalten wird.

Gal. 2, 20 „Christus, ich bin mit (ihm) gekreuzigt; doch ich lebe, (und doch) nicht mehr ich, sondern er lebt in mir, Christus."

So „hielt" sich der Apostel „dafür", daß er dem Gesetze gestorben war. Deshalb sagt er, er würde tatsächlich ein Sünder sein, wenn er nun suchen sollte, „in Christo gerechtfertigt zu werden"

(Vers 17); weil er vom Gesetz freigemacht ist, wenn er mit Christo starb. Sein nachträgliches Suchen nach Rechtfertigung, sogar durch Christum, würde eine praktische Verleugnung dieser großen geoffenbarten Tatsache sein, welche doch bereits vollendet ist.

So ist es auch unsere erste Pflicht, uns dafür zu halten, als ob wir tote Personen wären im Blick auf das Gesetz und alle seine Ansprüche an uns.

Das ist keine Sache des Gefühls, sondern des Glaubens. Solange wir uns von unseren Gefühlen leiten lassen, kommen wir nicht in den Genuß dieser Wahrheit. Wir sollen einfach Gott glauben. „Der Glaube kommt aus der Verkündigung Röm. 10, 17
(dem Hören der Predigt), die Verkündigung aber durch das Wort Gottes.“ Gott hat diese große Tatsache in seinem Wort kundgetan (sonst hätten wir sie nie erfahren); wir hören das Wort; der Glaube nimmt es an und hat Freude an dem, was er hört, und glaubt Gott, ganz abgesehen vom Gefühl. Unsere erste Aufgabe hinsichtlich der alten Natur ist die, daß wir Gottes Urteil über dieselbe annehmen und sie so ansehen (wie er es tut), nämlich daß sie mit Christo starb, als er gekreuzigt wurde.

2. Unsere weitere Aufgabe ist, *den alten Menschen sowohl für das Gute wie für das Böse als tot zu betrachten.*

Wenn wir sagen „gut“, so meinen wir natürlich gut für Gott, gut in Gottes Augen, gut für die Ewigkeit, gut in Gottes Meinung, gut, was er als solches ansieht und anerkennen kann. In seinen Augen ist in der alten Natur (wie wir bereits gesehen haben) „nichts Gutes“. Wenn wir also sagen, wir haben das Gute in ihr nicht zu pflegen, so meinen wir nicht das, was der Mensch „gut" heißen würde, sondern das, was Gott als „gut" betrachtet. Wir haben die alte Natur in ihrer ganzen Güte wie in ihrer ganzen Schlechtigkeit für tot zu halten und alle Hoffnung aufzugeben, für Gott etwas aus ihr hervorzubringen, da unsere alte Natur vor ihm tatsächlich tot und begraben ist. Wenn Gott sagt, sie ist tot, so erwartet er von uns, zu glauben, daß sie tot ist, weil er sagt, sie ist es. Er erwartet von uns, daß wir sie als begraben ansehen.

Der natürliche Mensch mag religiöse und liebenswürdige Eigenschaften besitzen und pflegen, das Kind Gottes aber braucht und darf dies nicht. Denn wenn wir nach der neuen Natur wandeln und von ihr geleitet werden, was brauchen wir dann noch das Fleisch zu pflegen? Die neue Natur hat Christus und den „Sinn Christi" an Stelle der „Religion". Das übertrifft bei weitem alles, was wir je durch Ausbildung der alten Natur hervorbringen könnten.

3. Dies führt zu einer dritten Aufgabe, nämlich:
Röm. 13, 14 lich: *„nicht Vorsorge für das Fleisch zu treiben"*,
Joh. 6, 63 sondern sich immer daran zu erinnern: daß „das Fleisch nichts nützt". Das nennt man „die Lehre Jesu", unseres anbetungswürdigen Herrn und Meisters. Aber obschon man sie so nennt, wünscht man sie doch nicht und will sie auch nicht haben. Auf jeden Fall will man aus der „Lehre" nur das sich heraussuchen, was einem gerade paßt. Nichtsdestoweniger lehrt der Herr: „das Fleisch (oder die alte Natur) nützt nichts." Wenn wir seinem Urteil über dasselbe glauben, so werden wir dem Fleisch nie zumuten, in eigener Kraft etwas für Gott zu tun, sei es auf dem

Wege der Anbetung oder der gottesdienstlichen Formen; wir werden nie das Fleisch nötigen, etwas zu tun, um Gerechtigkeit vor Gott zu erlangen. Wir werden dessen eingedenk sein, daß jede solche Gerechtigkeit „wie ein unflätiges Kleid" ist. Jes. 64, 6

Das Fleisch kann sehr religiös gemacht werden. Und gerade darin unterscheidet sich die „Religion" vom Christentum. Die Religion hat es nur mit dem Fleisch zu tun. Alle ihre Satzungen sind von dem Fleisch oder stehen in Verbindung mit demselben. Es sind lauter Dinge, welche das Fleisch erfüllen kann. In Jesaja 1 haben wir ein Bild von dem, was „Religion" ist. Als unser Herr auf die Erde kam, war diese Art der Religionsübung auf ihrem Höhepunkt. Nie gab es eine genauere und peinlichere Beobachtung aller ihrer Satzungen und Gebräuche. Aber daß dies keine neue Natur geben, noch die alte ändern kann, zeigt die Tatsache, daß es gerade der religiöse Teil des Volkes war, der den Herrn Jesus kreuzigte. Dahin bringt es eine Religion, selbst wenn sie von Gott gegeben ist, wenn sie durch die alte Natur verdorben und mißbraucht wird.

Darauf beziehen sich Stellen, wie die folgende: „Hat der Herr Lust an Brandopfern und Schlachtopfern, gleichwie am Gehorsam der Stimme des Herrn? Siehe, Gehorchen ist besser als Schlachtopfer und Aufmerken besser als das Fett von Widdern." 1. Sam. 15, 22

„Ein reiner und unbefleckter Gottesdienst vor Gott und dem Vater ist der: Waisen und Witwen in ihrer Trübsal besuchen und sich von der Welt unbefleckt erhalten." Das will sagen: Wenn es sich um Religion handelt, d.h. um äußere Hand- Jak. 1, 27

lungen und Übungen, so sind Taten der Barmherzigkeit und Güte weit reiner und besser als alle äußeren gottesdienstlichen Handlungen, wie Verneigungen und Kniebeugen; Bekreuzungen und das gedankenlose Beten des Rosenkranzes;
Jes. 29, 13 das Sichnahen mit den Lippen, die Beobachtun-
Matth. 15, 8 gen von Tagen und das Halten von Festen.

Dies ist der wesentliche Inhalt des Briefes an die Kolosser, der gerade in dieser Frage gipfelt: „Wenn ihr mit Christus den religiösen Satzungen der Welt gestorben seid[1], was unterwerft ihr euch Satzungen (berühre nicht, koste nicht, beta-
Kol. 2, 20—23 ste nicht, welches alles mit dem Gebrauch umkommt) nach den Geboten und Lehren der Menschen?"

Der natürliche Mensch (das Fleisch) kann diese Satzungen verstehen und ihnen untertan sein, denn sie alle betreffen „irdische Dinge".

„Wenn ihr nun mit Christus[2] auferstanden seid, so suchet was droben ist, wo Christus ist, sitzend zur Rechten Gottes. Sinnet[3] auf das, was droben ist, nicht auf das was auf der Erde ist.
Kol. 3, 1—3 Denn ihr seid gestorben[4] und euer Leben ist verborgen mit Christus in Gott."

So unterweist uns die Schrift, als neue Naturen nicht Vorsorge für das Fleisch zu treffen, es nicht mit der Nahrung großzuziehen, die es gerne hat, ihm nicht seinen Willen zu tun, auch nicht mit dem, was die Leute für „gut" halten. Die alte

[1] Griechisch: apethanete, starbet, nicht „tot seid". Es ist der 1. Aorist.

[2] Synegerthete, auferstanden seid, auferweckt wurdet. Es ist der 1. Aorist.

[3] Griechisch: phroneite, denken an. „Suchet" bezeichnet die Handlung; „sinnet auf" den Antrieb und Vorsatz.

[4] Apethanete, 1. Aorist.

Natur ist durch und durch hochmütig. Darum sind jene Versammlungen gedrängt voll, wo „praktisch“ gesprochen wird, wie man sagt, und wo die Zuhörer aufgefordert werden, dies und das zu „tun“ (nicht, daß sie sich notwendigerweise hernach viel um das Tun bekümmern); doch immerhin befriedigt dies die alte Natur des religiösen Menschen. Die alte Natur, sogar im Kinde Gottes, liebt es, „Vorschrift auf Vor- Jes. 28, 10
schrift, Vorschrift auf Vorschrift“ zu hören. Sobald man jedoch Gott ehrt und Christum verherrlicht, sein Wort erhöht und den Menschen erniedrigt — will es die alte Natur nicht hören. Wenn es nach ihr ginge, würden die Kirchen und Kapellen veröden, wo diese Lehre gepredigt wird und wo die Anbetung wahrhaftig im Geist geschieht. Alles das ist ihr verhaßt, und sie wird es offen heraus sagen, daß ihr das ganz und gar mißfällt. Umgekehrt: Wo Vorsorge für die getroffen wird, wo reichlich Musik gemacht wird, wo „Vorschrift auf Vorschrift“ von der Kanzel verkündigt wird, da findet sich der alte Mensch in Massen ein.

Für die Kinder Gottes liegen in der sogenannten Religion und den verfeinerten Genüssen der fleischlichen Gesinnung mehr Gefahren als in den groben und gewöhnlichen Lüsten des Fleisches. Ein Kind Gottes wird nicht so leicht und so willig eine solche Vorsorge für das Fleisch treffen. Wenn aber von anderen etwas zur Pflege des religiösen Lebens geschieht, was nicht offen mit Laster oder Unglauben, Weltgeist oder Unsittlichkeit in Verbindung steht, so wird ihm gerade das zum Fallstrick.

4. Der fünfte Vers redet von einer weiteren Kol. 3, 5

Aufgabe: *„tötet nun eure Glieder, die auf der Erde sind."* Das klingt zunächst sehr sonderbar, nachdem uns doch wiederholt gesagt worden ist, daß wir mit Christo gestorben sind. Es klingt auch praktisch. Aber wenn etwas praktisch sein soll, so muß es ausführbar sein. Es muß etwas sein, was wir wirklich tun können.

Das Wort „töten" (im Grundtext nekroo), bedeutet hier so viel als „behandeln, ansehen als getötet". Was die Schrift hier mit dem Worte meint, das ergibt sich deutlich aus den beiden

Röm. 4, 19 anderen Stellen, wo es noch vorkommt: Röm. 4, 19, wo es von Abraham gebraucht ist: „Er war nicht schwach im Glauben, sah auch nicht auf seinen eigenen, schon erstorbenen Leib (er war fast hundert Jahre alt), noch auf das Abgestorbensein[1] des Mutterleibes der Sarah."

Hebr. 11, 12 Und Hebr. 11, 12: „Darum sind auch von einem, und zwar (einem) Gestorbenen viele geboren worden."

Es handelt sich nicht darum, was das Wort im Lexikon bedeutet, oder wie es von den Griechen angewandt wurde, sondern, wie der Heilige Geist es gebraucht. Und wir sehen aus den eben genannten zwei Stellen, daß es auf jemand angewandt wurde, der tatsächlich noch am Leben war, aber „erstorben" (gestorben, es kann mit „so gut wie tot" übersetzt werden), d.h. unfähig, Leben zu erzeugen oder praktische Aufgaben zu erfüllen.

Kol. 3, 5 Weiter wird das Wort Kol. 3, 5 gebraucht und zwar nicht von der alten Natur selbst, sondern von ihren „Gliedern", und die Ermahnung

---

[1] Griechisch: nekrosis, verwandt mit nekroo.

schließt sich folgerichtig an die Aussage in den vorhergehenden Versen an.

Sie beginnt mit „nun“ (daher), und die Schlußfolgerung ist: Da ihr sehet, daß ihr mit Christus gestorben seid, so beschäftigt euch mit himmlischen und nicht mit irdischen Dingen, richtet euren Sinn auf Christus und auf die selige Tatsache, daß ihr „in ihm vollendet“ seid und daß, wenn er in Herrlichkeit erscheint, ihr auch in Herrlichkeit geoffenbart werdet. Seid nicht schwach im Glauben; betrachtet nicht eure Glieder, welche auf Erden sind, sondern haltet sie für „erstorben“ (so gut wie tot), „da ihr den alten Menschen mit seinen Handlungen ausgezogen und den neuen angezogen habt, der erneuert wird zu der völligen Erkenntnis[1] nach dem Bild dessen, der ihn erschaffen hat“. Kol. 3, 9—10

Auf Grund der Tatsache, daß wir mit Christo gestorben sind und daher den alten Menschen ausgezogen und den neuen angezogen haben, sollen wir nun die „Glieder“ unseres Leibes als „erstorben“ (so gut wie tot) „halten“ und sie als unvermögend und unfähig betrachten, irgend welches „Leben“, oder „gute Werke“ hervorzubringen.

Alle sogenannten „guten“ Werke, die von der alten Natur getan werden, sind „tote Werke“. Sie werden durch unsere Glieder gewirkt, welche (in Gottes Urteil) „erstorben“ (so gut wie tot) sind. Nur das sind „gute Werke“, welche Gott selbst „zuvor bereitet hat, daß wir darinnen wandeln sollen“ und welche in der geistlichen Kraft der Eph. 2, 10

[1] Griechisch: epignosis (völlige oder vollkommene Erkenntnis).

neuen Natur vollbracht worden sind.

O, daß Gottes Urteil auch das unsere wäre! Daß wir gleich wie Abraham in dieser wichtigen Sache nicht „schwach im Glauben“ sein möchten, sondern stark, Gott zu glauben, und daß wir dadurch freigemacht würden, unsere Wünsche auf das zu richten, was droben ist, wo Christus sitzt, zur Rechten Gottes, und zu warten auf unsere Offenbarung mit ihm in Herrlichkeit.

# VII. Unsere Aufgaben der neuen Natur gegenüber

Unsere Verpflichtungen der neuen Natur gegenüber sind genau das Gegenteil von denen, die wir der alten Natur gegenüber haben. Was wir bei der alten Natur als erstes zu beachten hatten, war, daß wir sie ansehen als mit Christo gestorben. Unsere erste große Pflicht bezüglich der neuen Natur ist:

1. *uns für lebendig zu betrachten,* und zwar in Röm. 6, 11
einem neuen Leben.

Die neue Natur ist Leben — neues Leben,
geistliches Leben, göttliches Leben, ewiges Le- Röm. 8, 6
ben. Und wir sollen damit rechnen, daß wir nun „lebendig" sind, und in diesem neuen Leben stehen, also in einer ganz neuen Art des Lebens zu Gott hin und für Gott, und daß dieses Leben „in Christo Jesu" ist. Nicht in „Jesu Christo" wie in manchen Übersetzungen: Im Grundtext ist ein deutlicher Unterschied. Von dem Gläubigen heißt es nie er sei „in Jesus". Wir stehen nicht in einem toten Jesus, sondern in dem lebendigen und auferstandenen „Christus".

Und wir sollen nun im Glauben (nicht im Gefühl) „uns dafür halten", denn wir werden keine Ursache sehen, warum er uns diese wunderbare „Gabe" je geschenkt haben sollte. Wir werden dafür in allem, was wir je getan haben, keine Ursache finden.

Wenn wir dieses Dafürhalten verwirklichen
sollen, werden wir "Gott glauben" müssen. Eph. Eph. 2, 4—6
2, 4—6 werden wir sehr ermutigt, das zu tun; denn dort erinnert er uns, daß damals, als wir noch Kinder des Zorns und unfähig waren, einen

guten Gedanken zu denken, oder eine gute Tat zu tun, daß es damals vielmehr Gott war, der da reich ist an Barmherzigkeit wegen seiner großen Liebe, womit er uns geliebt hat, da wir tot waren in den Vergehungen, der uns mit dem Christus lebendig gemacht (denn aus Gnaden seid ihr errettet worden) und uns samt ihm auferweckt und samt ihm in das Himmlische versetzt hat in Christo Jesu, auf daß er erzeigte in den kommenden Zeitaltern die überschwenglichen Reichtümer seiner Gnade durch (seine) Güte über uns in Christo Jesu. Denn aus Gnaden (seid ihr gerettet worden und) seid ihr errettet durch den Glauben; und das (diese Errettung ist) nicht aus euch: Got-
Eph. 2, 4—9 tes Gabe ist es; nicht aus Werken, auf daß sich nicht jemand rühme.

Wenn dies nicht durch „Werke" geschah, dann gewiß nicht durch Gefühle. Nur durch das „Dafürhalten" des Glaubens können wir in diese kostbare Verkündigung einer vollendeten Erlösung eindringen und uns ihrer erfreuen.

Dies führt uns indessen zu einer anderen Pflicht, von welcher der folgende Vers redet.

Eph. 2, 10 „Wir sind sein Werk, geschaffen in Christo Jesu zu guten Werken, welche Gott zuvor bereitet hat, daß wir in diesen wandeln sollen."

Röm. 6, 4 2. *Wir sollen in diesem neuen Leben wandeln.* Das Griechische für „neu" ist hier kainotes (Neuheit). Es kommt von kainos (neu, nicht jung oder frisch oder unlängst gemacht, welches neos heißt, sondern neugeschaffen und verschieden von dem, was vorher gewesen ist), neu in dem Sinne, daß es an die Stelle dessen tritt, was zuvor gewesen ist. Kainotes kommt nur Röm. 6, 4 und 7, 6 vor, wird aber an beiden Stellen in verschiedener Verbindung oder Beziehung gebraucht. In Röm. 6, 4 bezieht es sich auf unseren Wandel und Röm. 7, 6 auf unseren Dienst.

a) Unser Wandel soll sein „in Neuheit des Lebens“, d.h. in einer ganz anderen Art des Lebens; nicht mehr bloß im körperlichen Leben, sondern nun im geistlichen Leben. Nicht mehr in dem vom ersten Adam, sondern in dem vom letzten Adam, von Christo abstammenden Leben. Es ist dies eine ganz neue Lebenssphäre. Jene war von der Erde und irdisch, diese ist himmlisch in ihrem Ursprung, ihrem Weg und ihrem Ende. Unser Regierungssitz[1] ist jetzt im Himmel, und unser „Wandel“ soll durch das himmlische Regiment geleitet werden und nicht durch eine irdische Obrigkeit. Indem wir in der Welt wandeln, sollen wir immer daran denken und uns daran erinnern, daß wir in ihr, aber nicht von ihr sind; und wie man beim Gehen darauf sehen muß, wohin man geht, so müssen wir nach unserem Heiland, dem Herrn Jesus Christus, ausschauen, Phil. 3, 20. 21
und dies hat unseren Wandel zu leiten.

b) Röm. 7, 6 wird diese neue Lebenssphäre in Römer 7, 6
Verbindung mit dem Dienst gebracht: „jetzt aber sind wir von dem Gesetz losgemacht, da wir dem gestorben sind, das uns gefangen hielt, so daß wir (jetzt das Vorrecht haben zu) dienen in Neuheit des Geistes (d.h. in dem neuen Gebiet der neuen Natur) und nicht in dem alten Wesen[2]

---

[1] Phil. 3, 20, wo das als „Wandel“ übersetzte Wort im Griechischen politeuma heißt. Regierungssitz ist die beste Übersetzung dieses Wortes, viel besser als „Bürgertum“ oder „Wandel“.

[2] Griechisch: palaiotes (veraltet sein). Kommt nur hier vor.

(Gebiet, Sphäre) des Buchstabens (des Gesetzes)."

Dies sagt uns, daß unser Dienst nicht mehr durch den „Buchstaben" des Gesetzes geleitet wird, sondern durch dessen „Geist"; und daß unser Dienst einem ganz neuen Beweggrund entspringt; der andere ist alt[1], veraltet, nicht mehr zeitgemäß. Nun geschieht der Dienst nicht mehrt aus Zwang, sondern aus Liebe; nicht durch die Beobachtung von Regeln und Vorschriften, sondern mit Lust; nicht infolge von Gelübden und Verpflichtungen, sondern in vollkommener Handlungsfreiheit; nicht, weil wir Sklaven, sondern weil wir Söhne sind. Ein ganz neues Dienstverhältnis ist uns mit der neuen Natur gegeben, und es ist hinfort unsere Aufgabe, Gott auf diese Art und Weise zu dienen. Wenn wir nicht sehr wachsam sind, werden wir finden, daß wir beständig in Gefahr sind, in die Knechtschaft des alten Buchstabens zurückzufallen und in dem Geist der Knechtschaft, statt der Kindschaft zu handeln.

c) Aber es ist noch ein dritter Wandel verbunden mit dieser „Neuheit", oder diesem neuen Leben, in das die neue Natur uns bringt: die
Gal. 5, 25 Anbetung. Davon ist Gal. 5, 25 die Rede. Das ist ein weiterer Gedanke zu dem neuen Leben im Geist. Es handelt sich darum, daß unser Wandel und Gottesdienst in „Christo" sind und nicht nach religiösen Satzungen der Welt geschehen.

Wenn wir im (nach dem) Geist (oder der neuen
Gal. 5, 25 Natur) leben, so laßt uns auch im (nach diesem) Geist wandeln. Das will sagen, daß alle, die diese

[1] Griechisch: palaiotes (veraltet sein). Kommt nur hier vor.

neue Natur haben, dementsprechend leben sollen. Das hier gebrauchte Zeitwort „wandeln“ ist
verschieden von dem, das wir Röm. 6, 4 und Röm. 6, 4, 7. 6
Röm. 7, 6 gehabt haben.[1]

Das Wort hat Bezug auf alles, was in den religiösen Übungen äußerlich ist, auf alle religiösen Handlungen, welche es mit dem Fleisch oder der alten Natur zu tun haben. Die Gal. 5, 25 uns
vorgehaltene Verpflichtung lautet: Da wir nun Gal. 5, 25
neues Leben haben, sollen wir auch nach der neuen geistlichen Natur wandeln und nicht den
äußeren religiösen Gebräuchen der Welt folgen, Gal. 4, 10. 11
oder in und nach ihnen wandeln; weder nach den heidnischen Einrichtungen, noch nach den jüdi-
schen Gebräuchen und Vorschriften über Essen Kol. 2, 16—17
und Trinken oder Waschungen, über Tage und
Monate, Zeiten und Jahre, noch nach den baby- Röm. 13, 1—9
lonischen Überlieferungen.

Es gibt also drei verschiedene Verpflichtungen, was unseren Wandel nach der neuen Natur betrifft; das sind: Leben, Dienst und Anbetung; sie beziehen sich auf das, was nach innen, nach außen und nach oben geht.

Was das Innere betrifft, so sollen wir wandeln
nach dem neuen Wesen des Lebens, in welches Röm. 6, 4
die neue Natur uns bringt.

In bezug auf das Äußere sollen wir dienen gemäß der Neuheit der geistlichen oder neuen Natur.

Im Blick auf das Obere sollen wir „Gott anbe-

[1] Griechisch: palaiotes (veraltet sein). Kommt nur hier vor.

[2] Es ist stoicheo. Es kommt fünfmal vor: Apg. 21, 24; Röm. 4, 12; Gal. 5, 25; 6, 16; Phil. 3, 16, und bedeutet immer, nach religiösen Grundsätzen und Vorschriften zu wandeln, und bezieht sich auf äußere religiöse Gebräuche, Satzungen und Zeremonien.

Gal. 5, 25 ten im (oder nach dem) Geist“ und nicht nach
Kol. 2, 20—22 den religiösen Überlieferungen, Satzungen und Geboten der Menschen.

Das sind dieselben drei Wirkungskreise, wie
Titus 2, 11—13 uns Titus 2, 11—13 lehrt; und es sind dieselben drei Lehren, welche die Gnade lehrt. Denn die Gnade bringt uns nicht nur die Erlösung, sondern sie lehrt uns, „daß wir, indem wir die Gottlosigkeit und die weltlichen Lüste (d.h. alle die Werke der alten Natur) verleugnen,[1] züchtig, gerecht und gottselig leben sollen in dieser jetzigen Weltzeit, indem wir die glückselige Hoffnung und Erscheinung der Herrlichkeit unseres großen Gottes und Heilandes erwarten“. Hier werden wir gelehrt, wie wir in unserer neuen Lebenssphäre leben sollen.

a) Was das inwendige Leben betrifft, so soll unser Wandel „züchtig“ sein. Das Griechische ist sophronos, mit Beherrschung aller unserer Wünsche und einer angemessenen Zucht über alle unsere Glieder. Dies allein und nichts weniger ist das „Mäßigkeits-Evangelium“. Wenn wir diese Selbstbeherrschung z.B. nur auf diejenigen unserer Wünsche beschränken, welche durch den Durst erzeugt werden, so verfehlen wir den gan-

---

Das Hauptwort stoicheion kommt nur in zwei der sieben Gemeindebriefe vor, nämlich im Galater- und Kolosserbrief, welche Lehrirrtümer zurechtweisen, die aus der Unkenntnis der Lehre des Römer- bzw. Epheserbriefes entstanden waren. Es kommt in jedem Brief zweimal vor (Gal. 4, 3. 9 und Kol. 2, 8. 20). Dreimal von den vieren ist es verbunden mit dem Worte „Welt“ (Kosmos) und bezieht sich also auf etwas Äußerliches und Materielles im Gegensatz zu dem Innerlichen und Geistlichen.

[1] Arnésamenos, 1. Aorist, Partizip, Medium.

zen Nachdruck der Ermahnung und lassen alle unsere anderen Lüste des Fleisches und des Gemüts ohne Zwang und Aufsicht; oder wir handeln wenigstens so, als ob sie wohl so gelassen werden könnten. Jedoch das Größere schließt das Geringere ein. Und das wahre Evangelium der Mäßigkeit schließt in die Selbstbeherrschung nicht nur das Trinken, sondern auch Essen, Kleidung, Lektüre, Verbrauch, Sparsamkeit, Reisen, Reden, Aufsuchen von Sehenswürdigkeiten, Besuche machen, Singen usw. ein, und erstreckt sich auf alles, was unter den Begriff „Reinheit" fällt. Es umfaßt jede Seite unseres täglichen Lebens, nicht nur die groben Lüste des Fleisches, sondern auch die verfeinerten Wünsche des Gemütes; es umfaßt nicht nur das Unerlaubte, sondern auch das Erlaubte. Es beherrscht nicht nur das Erlaubte, sondern auch das Nützliche.

Die sogenannte Temperenz-Bewegung stammt aus dem Fleisch und nicht aus dem Geist. Dadurch wird nur eine unserer Lüste beherrscht und die Tür zu allen anderen offengelassen. Geld, das nicht für Getränke ausgegeben wird, kann dann wohl für andere unsittliche Zwecke verwendet werden. Geld, das nicht vertrunken wird, geht dann im Glücksspiel verloren. So nimmt der bloß ethische Reformator nur hie und da ein verdorrtes Blatt oder eine faule Frucht weg, während das Böse an der Wurzel liegen bleibt. Nicht Reformation brauchen wir, sondern Regeneration, Wiedergeburt. Ein „gebesserter Charakter" ist fern davon, ein geretteter Sünder zu sein. Ein solches Werk ist gut für die Welt, sie mag sich damit beschäftigen, ohne das höhere und einzige Werk, für das er bestellt ist, zu vernachlässigen.

*Nein! Der Wandel nach der neuen Natur löst für das Kind Gottes alle diese Fragen und schließt das Ganze ein; während ein Wandel nach dem Fleische nur mit einem gewissen Teil des Ganzen beschäftigt ist.*

Was also das inwendige Leben betrifft, so haben wir mit Selbstbeherrschung auf allen Gebieten zu wandeln.

b) In bezug auf das äußere Leben soll unser Wandel gerecht (dikaios) sein. Und das nicht zur Gerechtigkeit, sondern aus Gerechtigkeit. *Nicht, weil es die Gesetze und Gebote der Menschen erfordern, sondern weil es das Verlangen der neuen Natur ist. Nicht aus Pflichtgefühl, sondern aus der Macht der Liebe. Nicht als Knechte, sondern als Kinder. Nicht erzwungen durch Verpflichtungen, Abzeichen oder Gelübde, sondern aus dem Drang der göttlichen Natur in uns, in der Welt draußen gerecht zu wandeln.*

c) Im Blick auf das Obere sollen wir „gottselig" wandeln, d.h. Gott soll unser ein und alles sein. Der Wandel wird deshalb nicht in den Satzungen und Gebräuchen, in religiösen Überlieferungen der Menschen bestehen, sondern in der Entfaltung der neuen Natur; mit einem Worte: es ist *Christus allein, statt alles dessen, was den Namen Religion trägt. Es ist Christus, und sogar nicht einmal die „Christliche Religion" als eine unter den vielen anderen Religionen, sondern Christus oder wahres Christentum.*

So und nur so allein werden wir dieser Verpflichtung gegenüber unserer neuen Natur gerecht werden und zu denen gehören. „Welche Gott im (nach dem) Geist (oder der neuen Natur) anbeten (oder ihm dienen), sich in Christo Jesu rühmen und nicht auf das Fleisch vertrauen." Phil. 3, 3

3. Die dritte Verpflichtung der neuen Natur gegenüber ist: *sie mit der rechten, passenden Nahrung zu versorgen.*

Wie die alte Natur, das Fleisch, durch das ernährt wird, das von außen kommt (denn sie kann sich nicht aus sich selbst heraus nähren), so ist es auch mit der neuen Natur. Ihre Nahrung muß von außen kommen. Sie muß beständig mit der Speise unterhalten werden, welche für sie bestimmt und ihr angepaßt ist. Diese Speise ist das Wort Gottes.

Daher wird uns gesagt, daß wir wie neugebo- 1. Petr. 2, 2
rene Kindlein nach der vernünftigen, lauteren Milch des Worts begierig sein sollen, auf daß wir dadurch zunehmen. Das Wort Gottes ist die Speise der neuen Natur. „Der Mensch lebt nicht 5. Mose 8, 3
vom Brot allein, sondern von einem jeden Worte, das aus dem Munde Gottes geht." In ihm ist Nahrung aller Art enthalten, Milch für kleine Matth. 4, 4
Kinder und feste Speise für Erwachsene; Trost für Leidtragende; Hilfe für Schwache. Wie die neugeborenen Kindlein nach Milch verlangen, so bedarf das neugeborene Kind Gottes der Milch des Wortes, und es sehnt sich nach derselben.

Dies ist die einzige Nahrung der neuen Natur, sie muß jedoch „lauter" sein: das lebendige Wort, der Herr Jesus Christus; und das geschriebene Wort, die Heilige Schrift. Das eine nicht ohne das andere. „Ich bin das Brot des Lebens", d.h. das Brot, welches das Leben erhält. „Das Brot Gottes ist er, der aus dem Himmel herniedergekommen ist." Joh.6,33.35.48-51

So konnte Jeremia von dem geschriebenen

Jer. 15, 16 Worte Gottes sagen: „Deine Worte waren vorhanden, und ich habe sie gegessen, und dein Wort war meines Herzens Freude und Wonne."

Wenn so ein Mann des Alten Bundes sprechen konnte, wieviel mehr können es die, welche dem Neuen Bund angehören und welche der „Göttlichen Natur" teilhaftig sind.

Wenn das Manna vom Himmel „Brot der Engel" genannt wird, wieviel mehr kann das Wort „das Brot Gottes" genannt werden!

Nur durch die Nahrung aus dem Worte kann die neue Natur richtig unterhalten werden. Sie kann nicht gedeihen an den Worten der Menschen, noch an all seinen „großen Gedanken". Dieselben sind in dem geistlichen Leben nutzlos. An der menschlichen Vernunft und der weltlichen Literatur würde die neue Natur verhungern. Alles das würde im besten Falle zu einem Idealmenschen führen. Wer sich aber mit der von
2. Tim. 3, 17 Gott eingegebenen Schrift ernährt, wird ein „Mensch Gottes" werden, durchaus gerüstet[1] für jedes Ereignis, jede Schwierigkeit und jeden Kampf, beschirmt gegen jede Gefahr, gewappnet gegen jede Versuchung, vorbereitet auf jede Prüfung.

Als der Sohn Gottes versucht wurde, berief er sich auf das Wort Gottes. Seine ersten amtlichen Worte waren: „Es steht geschrieben" und seine

---

[1] Das griechische Wort exartizo wurde von den Griechen zum Ausrüsten eines Schiffes für die See gebraucht. Ein solches Fahrzeug mußte alles an Bord haben und auf jedes Ereignis vorbereitet sein, daß sich aus der Erfahrung ergab. Der Mensch, und nur der, welcher Gottes Wort in seinem Herzen hat, ist so ausgerüstet.

erste amtliche Äußerung geschah mit den Worten der Schrift aus 5. Mose 8, 3. 5. Mose 8, 3

In seiner letzten amtlichen Äußerung bezieht Joh. 17
er sich wiederum dreimal auf das Wort. „Dein Joh. 17, 17
Wort ist Wahrheit."

„Ich habe ihnen dein Wort gegeben." Joh. 17, 14

„Die Worte, die du mir gegeben hast, habe ich Joh. 17, 8
ihnen gegeben."

Hier haben wir wiederum „die Worte" und „das Wort"; denn das Wort ist aus Worten zusammengesetzt und es ist unmöglich, das eine ohne das andere zu besitzen. Wenn damit andere Worte vermengt werden, so wird das Wort als Ganzes verfälscht.

Kein Wunder, daß die Gläubigen so schwach und kraftlos sind, sowohl darin, dem Bösen zu widerstehen als auch das Gute hervorzubringen. So offenbar ist diese Schwäche, daß besondere Zusammenkünfte eingeführt worden sind zu dem ausdrücklichen Zweck der „Vertiefung des geistlichen Lebens". Diese bilden den Beweis des niedrigen Standes des geistlichen Lebens und des unbefriedigten Zustands sehr vieler Christen. Das sind auch die plausiblen Gründe dafür, daß solche besonderen Anstrengungen erforderlich sind. Der dafür gebräuchliche Ausdruck ist aber nicht biblisch. Wir wollen nicht sagen unbiblisch, weil das, was damit gemeint ist, richtig ist. Es beweist dies aber eine Vergeßlichkeit gegenüber der Schrift, welche erklärt, daß diese neue Natur „vollkommen" und „göttlich" ist, und daher nicht „vertieft" oder vermehrt werden kann.

Sie kann unterhalten, genährt und gekräftigt werden: aber dieses kann nur durch die Speise am Worte Gottes und nicht durch das Lauschen auf

Menschenworte geschehen. Durch die „Erklärung“ des Wortes und nicht durch die Ermahnungen der Menschen kann die neue Natur gestärkt und in guter geistlicher Gesundheit erhalten werden, durch Sinnen auf das, was droben ist, nicht durch Aufmerken auf das, was auf Erden ist, durch Erforschung der Schriften und nicht durch etwas anderes.

Alle anderen und geringeren Mittel, welche angewandt werden, dienen nur dazu, das Fleisch zu weiden und aufzublasen; und die Schlinge ist umso feiner und gefährlicher, weil es so „gut“ scheint und lautet, sowohl in der Sache, als auch in der Art und im Beweggrund.

Überdies liegen diese Zusammenkünfte weit auseinander. Wenn man von ihnen abhängt, ist es gerade so, als wenn jemand eine Zeitlang von sehr wenig Speise leben und dann durch ein großes Mahl alles nachholen würde. Das ist aber im besten Falle eine sehr regellose, um nicht zu sagen ungesunde Lebensweise.

Es gab Heilige Gottes und eine edle Armee von Märtyrern, auch Riesen im Dienste des Wortes Gottes und ein Heer wahrer treuer Zeugen schon lange vor der Zeit, da man solche Veranstaltungen zur Anregung und Vertiefung des geistlichen Lebens traf. Das waren die Gläubigen, welche unsere großen und unschätzbaren Freiheiten errangen, lange vor den Tagen unserer modernen evangelischen Gesellschaften, welche nur zu dem Zweck erfunden wurden, zu verteidigen und zu bewahren, was andere für uns errungen hatten.

Alle diese modernen Erfindungen sind ein Bekenntnis und zugleich ein Beweis des Tiefstandes, in den wir hineingeraten sind.

Viele Gläubige ziehen, anstatt sich selbst am Worte zu nähren, es vor, die Ergebnisse der Studien anderer über dasselbe zu hören. Das ist gerade so, wie wenn jemand Vorträge über Diät besuchen und die Chemie der Nahrungsmittel studieren wollte, anstatt dieselben zu essen und zu verdauen, um dadurch Kraft und Stärke für seine täglichen Pflichten zu sammeln.

Von einer anregenden Literatur zu leben, ob sie nun geistlich oder weltlich ist, das wäre dasselbe, als wenn jemand von Kuchen, Süßigkeiten und Nebengerichten leben wollte, statt von einer kräftigenden, belebenden, gesunden und zuträglichen Speise.

Daher kommt es, daß so viele den Anforderungen und Pflichten des christlichen Lebens nicht gewachsen sind. Darum stehen so viele machtlos vor den Versuchungen. Sie geben ihrer neuen Natur so wenig Nahrung. Sie genießen die ungesunde Speise ihrer eigenen Erfahrungen oder der Erlebnisse und Lebensbeschreibungen anderer. Sie lesen „gute“ Bücher, Bücher von Menschen und Liederbücher, welche nur Gärung statt Verdauung erzeugen, weil eine solche Speise sich mit der neuen Natur nicht verträgt.

Ist es da zu verwundern, daß man bei dieser Art von Diät und dem unregelmäßigen, nur in Zwischenräumen oder überhaupt selten gepflegten Genuß des Wortes Gottes an so vielen Christen eine wirklich hohe Auffassung des Geistes der Kindschaft der hohen und wunderbaren Vorrechte der Söhne Gottes vermißt, und sie ein wirkliches Gefühl ihrer Verantwortlichkeit in der Welt, in welche sie hineingestellt sind, nicht empfinden?

Kol. 3, 16 Seien wir dessen eingedenk, daß, um das Vorrecht der Gotteskindschaft zu verwirklichen, das Wort Christi „reichlich in aller Weisheit in uns wohnen" muß. Das geschriebene Wort und das lebendige Wort sind die einzige Speise der neuen Natur, und der Gebrauch derselben darf nicht unregelmäßig oder dem Zufall überlassen sein, indem hin und wieder ein Mund voll davon genommen wird. Unseren Leib behandeln wir nicht so, noch genießen wir so unsere tägliche Speise; denn wir alle wissen ganz gut, daß die richtigen Mahlzeiten in regelmäßigen Zwischenräumen genossen, langsam gekaut und vollständig verdaut werden müssen, um uns ganz einverleibt zu werden. Gerade so muß es im geistlichen Leben sein, welches wir in der Gabe der neuen Natur bekommen haben.

Wenn unser geistlicher Zustand infolge mangelhafter Ernährung schwach ist, dann sind wir versucht, zu allen Arten von Heilmitteln unsere Zuflucht zu nehmen, um die nötige Kraft und Gesundheit zu erlangen. Viele suchen Hilfe bei marktschreierischen Heilmitteln, welche in der religiösen Welt in demselben Überfluß vorhanden sind wie in der natürlichen. Alle Arten neumodischer „Behandlungs"-Methoden werden empfohlen und alle Arten von „Nahrungsmitteln" werden als die „besten" angepriesen.

Das „Lebensbrot" Gottes, das er für uns bereitet hat, enthält alles, was wir brauchen. Wir behandeln es aber wie das „Korn" Gottes, das er für unser natürliches Leben bestimmt hat. Bei dem Mahlen dieses Korns hat der Mensch seine Mühlen so eingerichtet, daß er automatisch fast alles ausscheidet, was Gott in das Korn hineingelegt hat.[1] Was übriggelassen wird, ist größtenteils Stärke (um nicht zu reden von den schädlichen Stoffen, welche hinzugetan werden); und da diese Stärke in gar keinem Verhältnis zu der Diastase steht, einem Teil des Speichels, der sie allein verdauen kann, so gärt sie im Magen, statt zu verdauen, bleibt daher zurück und wird eine Quelle vieler Übel. Mittlerweile wird unser Organismus so schwach ernährt, daß unsere Gesundheit darunter leidet; wir klagen über allerlei Übelstände; wir fühlen uns häufig „unpäßlich", und so kommt es, daß wir zu den hoch gepriesenen „Heil- und Nährmitteln" unsere Zuflucht nehmen, bis viele in einen Zustand kommen, in welchem sie ohne solche Hilfsmittel für ihr leibliches Leben nicht mehr fertig werden können. Zwar haben viele diese Mißstände erkannt und trachten dann auch, dem Fehler abzuhelfen. Wie tun sie es aber? Anstatt die naheliegenden Mittel anzuwenden und zu dem zurückzukehren, was Gott in dem Weizenkorn gegeben hat, welches alles Nötige enthält, und zwar im richtigen Verhältnis, hat man verschiedene Arten von „Broten", mit wunderbaren Namen, erfunden. Die Unachtsamen versuchen es mit diesen neumodischen Broten, und obgleich ihre Nahrung mehr kostet, erlangen sie die erhofften Ergebnisse doch nicht.

Das alles geht tatsächlich vor unseren Augen vor sich und hat sein Gegenstück im Geistlichen.

---

[1] Die ausgeschiedenen Bestandteile werden an die Getreidehändler besonders verkauft und haben ihre eigenen Bezeichnungen. In Ungarn ist dies in einem so ausgedehnten Maß der Fall, daß das Mehl in nicht weniger als elf besondere Teile gesondert wird, welche mit Nummern bezeichnet werden.

Das Wort Gottes wird vernachlässigt; die Menschen gehen auf die verschiedenste Weise damit um. Die Milch des Wortes wird in einen „Separator" getan; und was nicht von dieser oder jener Partei geglaubt wird, wird sorgfältig ausgeschieden oder umgangen. Menschliche Ersatzmittel werden genossen, und wenn wir merken, daß wir schwach oder nicht gesund sind, dann kehren wir nicht zu der Ursache alles Unheils (der Unterernährung an der einfachen Speise des Wortes Gottes) zurück. Wir setzen vielmehr dasselbe System fort, welches alle diese traurigen Wirkungen hervorgebracht hat. Dann suchen wir sie zu heilen, indem wir zu den Vorschriften der Menschen Zuflucht nehmen und ihren Empfehlungen glauben. Die einen empfehlen eine neue „Behandlungs" Art: andere verlegen sich auf „Reizmittel", und während sie sorgfältig diejenigen der materiellen Welt vermeiden, finden sie Gefallen an geistlichen Genüssen bei Konferenzen usw. Wieder andere tun so, als ob das fortgesetzte Bekennen ihrer Sünden, welche sie bejammern, sie beseitigen oder heilen könnte. Manche meinen auch, eine gemeinsame Besprechung dieser Dinge würde die erwünschte Abhilfe bringen.

Dabei wird gerade von den Anhängern dieser modernen Methoden offen zugegeben, daß sich das Glaubensleben und die evangelische Kraft auf einem sehr niedrigen Standpunkt befinden. Wie ein schlecht genährtes Pferd beständig durch die Peitsche angetrieben werden muß, so peitschen sich diese schlecht genährten Gläubigen selbst oder lassen sich von anderen zu ihren Pflichten antreiben, statt einem gut genährten Pferd zu gleichen, welches keine Peitsche nötig hat und das nur der Leitung und des Zügels bedarf.

Noch weit schlimmer ist es, wenn wir in dem Zustande geistlicher Ohnmacht in dem Werke des Herrn tätig und dabei genötigt sind, dasselbe in der Kraft der alten Natur, des Fleisches, zu tun. Das bringt dann natürlich noch größere Not, bis schließlich viele „zusammenbrechen“ und „fortgeschickt“ werden; oder sie geben es selbst auf. Joh. 6, 63

O, daß wir sie dahin bringen könnten, die einzige und einfache Ursache all dieser Übelstände zu erkennen, welche allgemein anerkannt, zugegeben und beklagt werden. Daß diese vorhanden sind, ergibt sich ja aus den Anstrengungen, die man von allen Seiten macht, um sie abzustellen.

Die Wurzel aller Not ist die Vernachlässigung der göttlich verordneten Mittel, der Nahrung aus dem Wort Gottes.

Dieses Wort Gottes hat nur so viel Wert, als wir uns selbst daraus nähren und als wir es wirklich in uns aufnehmen. Niemand kann das für uns tun. Denkt darum nicht, daß wir leben können, indem wir andere Leute essen sehen, oder daß wir etwas lernen können, wenn wir nur auf deren Werk blicken und es nachahmen. Wir müssen unsere eigenen Forschungen im Wort anstellen und in unseren eigenen Bibeln anstreichen und unsere eigenen Verzeichnisse und Notizen machen. Gewiß, wir können darin von anderen angeleitet und unterwiesen werden, und wir können durch ihre Arbeiten und Beispiele angespornt werden; jeder einzelne muß aber für sich selbst forschen und jeder muß selbst davon essen, damit er stark werde, nachdem er von anderen gehört und gelernt hat, wie sie sich aus dem Worte nähren. Joh. 5, 39 Apg. 17, 11

Alles, was wir für unsere geistliche Gesundheit und Kraft brauchen, ist im Worte Gottes enthalten; und der Heilige Geist, welcher es eingegeben hat, ist bei uns wirksam, um uns zu lehren und es unseren Herzen einzugeben. Wir wollen unser ganzes Vertrauen auf ihn setzen. Laß uns ihn nicht betrüben, indem wir uns auf Menschen verlassen. Verlaßt euch nicht auf unsere Schriften. Horcht auf sie nur, soweit sie Christus verherrlichen und sein Wort groß machen. Alles, was wir tun können, ist, daß wir Wegweiser sind, die euch sagen, wo Speise zu finden ist und wo die „grünen Auen" liegen; und die euch auf die Nützlichkeit, die Süßigkeit, die Macht, die Wahrheit und den Gewinn dieser himmlischen Speise hinweisen und euch sagen, wo ihr das finden könnt, was eure Bedürfnisse befriedigt. Wir haben kein Monopol (ausschließlich Recht) in diesen Dingen. Auch für unsere eigene Nahrung brauchen wir dasselbe Wort. Wir können die Speise vorbereiten und sie für euch zerlegen, aber wir können nicht für euch essen; das müßt ihr selbst tun.

Demnach ist es einfach eine Frage der Diät im geistlichen Leben, wie so oft auch im leiblichen, und die Gesundheit beider kann dadurch festgestellt werden, daß „Appetit" vorhanden ist. In der natürlichen Welt ist der Appetit das Zeichen von Gesundheit. Wenn er fehlt, ist es ein Zeichen des Krankseins. Ebenso ist es auf dem geistlichen Gebiet. Unser Appetit oder Verlangen nach dem Wort Gottes ist der Gradmesser unserer geistlichen Gesundheit. An diesem Gradmesser können wir uns selbst prüfen. Er ist das Thermometer für unser geistliches Befinden.

In unserer geistlichen Entwicklung hängt alles

ab von unserem Appetit nach dem Worte Gottes, das die einzige geistliche Nahrung ist. Es wird uns in dem Maße nützlich sein, in dem wir nicht nur von dem Worte essen, sondern es auch verdauen und es völlig in uns aufnehmen.

Wie das Geld, so hat auch das Wort nur so viel Wert, als wir Freude, Nutzen und wahres Glück daraus bekommen. Was nützt uns ein Bankguthaben von einer Million, wenn wir nie unser Scheckbuch gebrauchen oder das Geld ausgeben? Es ist für uns dann nur ein Buch mit vielen Zahlen; das Geld, als bloße Münzen, hat für uns nicht mehr Wert als ebensoviele Spielmarken! 2. Kor. 3, 6

Gott verhüte, daß es so bei uns stehen sollte mit seinem Worte. Wir haben in demselben alles, was uns befähigen kann, „in Neuheit des Lebens zu wandeln". Hier finden wir die ganze Waffenrüstung für jeden Kampf, die ganze Kraft für jeden Dienst, den ganzen Trost für jede Sorge, alle Hilfsquellen für jedes Bedürfnis.

O möchte dieses kostbare Wort nicht allein unsere Rüstkammer oder unser Vorratslager sein, sondern auch unser Tisch! O daß wir durch Gottes Gnade wirklich sagen können:

„Du bereitest vor mir einen Tisch
Im Angesicht meiner Feinde; Psalm 23, 5
Du salbest mein Haupt mit Öl,
Und schenkest mir voll ein."

## VIII. Praktische Schlußfolgerungen

Was unsere Verantwortlichkeit den zwei Naturen gegenüber betrifft, bleiben nun noch einige Punkte zur Besprechung übrig, welche mehr unter das Kapitel: Praktische Schlußfolgerungen oder Ratschläge fallen und die folgerichtig dem entspringen, was die Schrift uns gelehrt hat. Nicht, daß wir unsere Leser unter irgendwelche Regeln oder Vorschriften bringen wollen. Es gibt aber nach dem, was wir aus dem Worte Gottes gelernt haben, gewisse Verpflichtungen, welche nicht umgangen werden dürfen, *wenn wir den vollen Segen und die Früchte der Lehre in unserer eigenen Erfahrung genießen wollen.*

Es genügt nicht, „die Wahrheit festzuhalten", welche die zwei Naturen lehrt. Die Wahrheit muß vielmehr uns festhalten, wenn wir ihren Wert und ihre Kraft erfahren sollen. Was bedeutet es, daß die Wahrheit uns festhält?

1. *Wir werden täglich das Fleisch unbeachtet lassen und alle seine Lockungen und Ansprüche verleugnen.* Wir haben zu bedenken, daß, obgleich wir „nicht im Fleische" sind, doch das Fleisch in uns ist, und daß wir es nie loswerden können, bis zur Entrückung, zum Tod oder zur Auferstehung.

Wenn wir daran nicht täglich denken, dann sind wir jedem Irrlehrer und Irrtum preisgegeben. Wir laufen Gefahr, durch eine der vielen neuen Moden und modernen Methoden, der verschiedenen Künste und Erfindungen der Religion des Fleisches irregeführt zu werden. Alle diese Irrtümer in Lehre und Praxis stammen aus dieser einen Quelle, nämlich dem Anerkennen der Fähigkeiten und Ansprüche der alten Natur.

Das ist das Wesen und die Grundlage aller falschen Religionen, wie man es in der römisch-kath. Kirche und sonstwo sieht. Wir finden es kurz ausgesprochen in einem römisch-katholischen Buche:[1]

„Wir werden aufgefordert durch Jesu Leiden und Sterben für uns, ihn nachzuahmen durch die Kreuzigung unseres Fleisches und durch Taten täglicher Abtötung."

Worin unterscheidet sich dies von der populären Heiligungslehre der heutigen Tage? Die letztere mag sich zwar auf einem anderen Wege befinden, sie mag von anderen Gesichtspunkten aus betrachtet werden; aber dies ist das letzte Ende, Ziel und Anliegen aller, welche die Ansprüche der alten Natur pflegen oder auf sie Rücksicht nehmen.

Die angewandten oder angepriesenen Mittel mögen andere sein, aber das gewünschte Ergebnis ist ein und dasselbe, nämlich: einen Zustand größerer oder geringerer Sündlosigkeit zu erreichen. Alles das kommt aus derselben Wurzel, dem Flei- Joh. 6, 63
sche. Das Fleisch mit all seinen Ansprüchen und Forderungen wird nicht unbeachtet gelassen als ob es „erstorben" (so gut wie tot) wäre.

Wenn diese praktische Pflicht nicht beachtet wird, dann stehen die Türen weit offen für den Irrtum in jeder Form, wie er nur eindringen möchte.

Wenn wir dieser Schuldigkeit täglich eingedenk sind, so werden wir davor bewahrt sein, in irgend welche Anstrengungen, Pläne oder Sy-

[1] Der Glaube unserer Väter.

steme uns einzulassen, welche die Pflege oder die Verbesserung des Fleisches zum Ziel haben. Das wird uns auch vor jeder modernen Lehre bewahren, welche die Hoffnung weckt, durch das Befolgen gewisser Regeln könne das Fleisch ausgerottet werden.

Beide Hoffnungen sind vollständig grundlos und können nur in schmerzlicher Enttäuschung enden.

Laßt uns hinsichtlich dieser ersten Haupttatsache keinen Fehler machen, dann werden wir nicht durch die falschen Hoffnungen irregeleitet werden, daß wir durch richtige Nahrung und durch Übung das Fleisch in Geist verwandeln oder es loswerden können, indem wir es auf irgendeine Weise ertöten.

2. Der beste praktische Weg, *die alte Natur* zu behandeln, ist, sie *darben zu lassen,* indem man sie auf magere Kost setzt. Jedoch kann dies nicht unmittelbar dadurch geschehen, daß ein Zweck oder ein „Werk" daraus gemacht wird. Es kann dies nur mittelbar dadurch getan werden, daß wir beständig auf die Ansprüche und Wünsche der neuen Natur achtgeben und ihre stets himmelan gerichteten Wünsche befriedigen.

Wir haben gesehen, daß die Speise der neuen Natur das Wort Gottes ist. Während wir unmittelbar dasselbe zu uns nehmen, lassen wir mittelbar die alte Natur hungern, darben. Denn (und das ist das Wichtige) wir können nicht beide Naturen zur gleichen Zeit speisen![1]

---

[1] Das ist eine Tatsache von großer Tragweite. Wir können nicht zu gleicher Zeit in zwei Umgebungen leben. Wir können nicht in das eine Feld säen und in einem anderen ernten. Das sind Grundgesetze sowohl auf dem natürlichen wie auf dem geistlichen Gebiet.

Bei der Nahrung, durch welche die eine Natur gedeiht, wird die andere darben. Und diese Tatsache trennt beide Wege. Wenn wir die alte Natur mit den Büchern und Lehren der Menschen speisen, wird unsere neue Natur unterernährt, erschöpft und schwach.

Die alte Natur wird mit der allgemeinen Literatur gedeihen. Die neue Natur jedoch wird nur am Wort Gottes gedeihen. Seine Worte „sind Geist und sind Leben", und nur was geistlich ist, kann durch den Geist einverleibt werden. Joh. 6, 63

Viele Christen sind beständig mit menschlichen Gedanken und Büchern beschäftigt; und dann sind sie bestürzt über den niedrigen Stand ihres Christen-Lebens und Wandels. Nun beeilen sie sich, eine neue Methode anzunehmen (gerade wie die alte Natur zu Reiz- oder Arzneimitteln greift), welche dem Mangel abzuhelfen und die entstandene Leere auszufüllen verspricht, während es doch nur eine Frage der Diät ist.

Wenn man im körperlichen Leben immer nur essen und trinken will, was einem nicht bekommt, so muß man auch die unausbleiblichen Folgen tragen. Genau dasselbe ist der Fall auf geistlichem Gebiet. Wenn die handgreiflichen Wirkungen in unserem Wandel und Umgang zu Tage treten, dann ist das einzige Heilmittel die Entfernung der Ursache. Das ist viel weniger kostspielig und macht viel weniger Sorge; es erweist sich als vollkommen wirksam und bringt keine Enttäuschung mit sich.

Unsere praktische Schlußfolgerung ist daher: Lies kein Buch, höre auf keinen Redner, Lehrer oder Prediger, wenn du nicht sicher bist, daß du hinterher mehr vom Worte Gottes wissen wirst als vorher. Was sterbliche Menschen denken, hat keinen Wert für dich. Wenn sie dir nicht helfen können, das klarer zu verstehen, was Gott sagt, so werden sie dir ein Hindernis statt einer Hilfe sein. Du kannst nicht leben von den Worten der Menschen. Nur „von einem jeden Wort, das aus dem Munde Gottes geht, wird der Mensch leben". Wenn du dich von den Worten, welche aus dem Mund der Menschen gehen, nährst, wirst du darben. Gottes Worte sind „Geist und sind Leben".

5. Mose 8, 3

Rede nicht so viel über die Schrift. Sei mehr bereit, sie zu dir reden zu lassen. Wenn du dich über Gottes Wort unterhältst, mache es wie Esra, der Schreiber. Anstatt zu versuchen, dich dessen zu erinnern, was das Wort sagt, und es dabei oft falsch anzuführen, „öffne das Buch". Laß es für sich selbst reden. Seine Worte werden viel gewichtiger sein als deine eigenen, denn Gott ist mit ihnen, um sie wirksam zu machen.

Neh. 8, 3—6

Binde das Wort auf dein Herz. Denn:

„Wenn du gehst, wird es dich geleiten,
Wenn du dich niederlegst, wird es dich bewahren,
Wenn du erwachst, wird es mit dir reden.
Denn das Gebot ist eine Leuchte,
Und das Gesetz ist Licht,
Und die Strafen der Zucht sind der Weg des Lebens."

Sprüche 6, 21—23

Du wirst finden, daß die Leute über alles gerne reden, nur nicht über Gott, seinen Christus und sein Wort. Sie sprechen über die Menschen und die Neuigkeiten der Welt. Am Sonntag wechseln sie das Thema und sprechen über Kirchen und Geistliche und Gottesdienste und Predigten, aber das sind eben auch nur Menschen.

Wer die neue Natur hat, weiß daß diese Dinge nicht befriedigen. Sie lassen ein Verlangen nach etwas Besserem zurück. Nichts wird jemals befriedigen und genügen als Gott selbst, und das lebendige und das geschriebene Wort. Wenn „Davids Lobgesang“ für ihn galt, wieviel mehr wird er für uns gelten. Wie sollten wir nicht sagen: Ps. 145

„Ich will dich erheben, mein Gott, du König,
Und deinen Namen loben immer und ewiglich. Ps. 145, 1. 2
Ich will dich täglich loben,
Und deinen Namen rühmen immer und ewiglich.
Reden will ich von der herrlichen Pracht deiner Majestät
Und von deinen Wundertaten,
Und man wird sprechen von der Kraft deiner furchtbaren Taten,
Und deine Großtaten werde ich erzählen.
Sie werden das Gedächtnis deiner großen Güte hervorströmen lassen
Und deine Gerechtigkeit jubelnd preisen.[1]“ Ps. 145, 5—7

Dies ist eine ganz andere Sprache als das Schwätzen über die beredten Worte des einen, oder die fragwürdigen Handlungen eines anderen, oder die glänzenden Werke eines dritten. Das erstere ist ein Säen auf den Geist, das letztere ein Säen auf das Fleisch.

Wenn unsere neue Natur gedeihen soll, müssen wir uns von den Worten Gottes nähren und

[1] Elb. Übersetz.

so die alte Natur darben lassen. Entweder sind wir mit dem Geist oder mit dem Fleisch beschäftigt; mit der alten oder mit der neuen Natur; und je nachdem wir auf die eine oder die andere säen, danach werden wir ernten. Das ist die klare Lehre aus Gal. 6, 7. 8, sie beginnt mit den Worten:

„Irret euch nicht";

sie war an die galatischen Heiligen gerichtet, welche ihren Wandel im Geist (oder der neuen Natur) begonnen hatten, aber im Fleisch vollenden wollten. Einst waren sie „gut gelaufen", bis sie sich aufhalten ließen und diese wichtige Wahrheit und Lehre, von der wir hier reden, vergaßen
Gal. 5, 7 und ihr nicht gehorchten.

Wir alle wünschen (dem Verlangen unserer neuen Natur entsprechend), so zu wandeln, daß wir „die Lüste des Fleisches (der alten Natur) nicht erfüllen". Auf welche Weise kommt man nun dazu, diesem Verlangen zu entsprechen? Viele bringen sich selbst unter ein Joch der Knechtschaft und mühen sich ab, Regeln zu gehorchen, Gelübde zu machen, Verpflichtungen zu erfüllen und Abzeichen zu tragen. Das alles ist aber umsonst. Das alles stärkt nur das Fleisch, anstatt es zu schwächen, indem es demselben dienstbar ist und unsere Gedanken damit beschäftigt. Der Weg Gottes ist viel einfacher:
Gal. 5, 16 „Wandelt im (nach dem) Geist (oder der neuen Natur) und ihr werdet die Lust des Fleisches nicht vollbringen."

Das ist Gottes Weisung und Gottes Verheißung. Versuches es! Es wird euch gänzlich aus den Händen der Menschen bringen. Es wird euch aus einer schrecklichen Knechtschaft befreien. Es wird Frieden und Segen in euer Leben bringen. Es wird euch Erquickung und Ruhe geben!

Wandelt nach dem Geist (pneuma); beschäftigt euch mit der neuen Natur; dienet ihren Bedürfnissen; sorget auf jede Weise für sie, für sie allein, und ihr habt das Wort Gottes dafür, daß euer Wunsch erfüllt werden wird. Er versichert euch: „Ihr werdet die Lust des Fleisches nicht (in keiner Weise) vollbringen."

Der Ausdruck „in keiner Weise" (griechisch ou me), der hier vorkommt, ist der stärkste, der gebraucht werden kann! Es ist im Grundtext eine wiederholte Verneinung. Sie gibt der Behauptung einen solchen Nachdruck und verstärkt sie bis zu einem solchen Grade, daß sie sich niemals bewahrheitet hat, so oft ein Mensch sie äußerte;[1] so oft sie aber von dem Herrn gebraucht wurde, wurde sie gewiß und reichlich erfüllt. Als er sagte: „Wer zu mir kommt, den werde ich nicht (keineswegs) hinausstoßen", gebrauchte er den Ausdruck keineswegs (ou me), in keiner Hinsicht, wird er hinausstoßen.

Gal. 5, 16

Joh. 6, 37

Dasselbe gilt von der göttlichen Versicherung: „Ihr werdet die Lust des Fleisches nicht vollbringen."

Gal. 5, 16

Laßt uns glücklich und dankbar ruhen auf dieser göttlichen Versicherung.

3. *Wir sollten uns selbst niemals unter das Gesetz*

Röm. 7, 6

---

[1] Petrus sagte (Matth. 16, 22): „Das wird dir nicht (keineswegs) widerfahren." Es widerfuhr ihm aber.

Petrus sagte wiederum (Joh. 13, 8): „Du sollst nimmermehr (keineswegs) meine Füße waschen." Christus wusch sie aber. Petrus behauptete auch (Matth. 26, 35): „Ich werde dich nicht (keineswegs) verleugnen." Er verleugnete ihn aber.

Thomas sagte (Joh. 20, 25): „Es sei denn, daß ich sehen werde... und meine Finger lege... und lege meine Hand..., so werde ich nicht (keineswegs) glauben." Er glaubte aber.

*stellen.* Hiervor sollten wir uns sehr hüten! Denn in dem Augenblick, da wir dies vergessen, bringen wir das Fleisch in Tätigkeit. Das Fleisch schwelgt gerne im Gesetz, wie wir gesehen haben.

Das Gesetz wurde für das Fleisch gegeben;
Röm. 8, 3 aber nur zu dem Zweck, auf daß die „Schwachheit" des Fleisches offenbar würde. Das Gesetz wurde niemals für einen Menschen „in Christus" gegeben. Von dem Augenblick an, da wir von unserer hohen Stellung, in welche die Gnade uns gebracht hat, herabsteigen und uns selbst unter das Gesetz stellen, feuern wir dadurch das Fleisch zu größerer Tätigkeit und Kraftentfaltung an.

Gerade das meint die Schrift mit dem Ausdruck „aus der Gnade fallen". Dies bedeutet nicht Abfall (oder Apostasie), wie wir es nennen, sondern es bedeutet: wandeln nach der alten Natur, statt nach der neuen; denken an dieselbe, sie pflegen und für sie sorgen, statt für die neue Natur.

Gal. 5, 4 „Ihr habt Christum verloren[1], so viele (von euch) durch das Gesetz gerechtfertigt werden wollen." Kein Wunder also, daß dieses wichtige
Gal. 5, 1 Kapitel mit der ernsten Mahnung beginnt: „Für die Freiheit hat Christus uns freigemacht; steht nun fest und laßt euch nicht wiederum in ein Joch der Knechtschaft fangen."

Bringt euch nicht selbst unter irgendwelche Gelübde und geht auf keinerlei Verpflichtungen ein. Traget keine Abzeichen irgendwelcher Art. Das sind nur Zeichen und Siegel „des Joches der Knechtschaft", unter welches ihr euch selbst bringen könnt. Sie sind Fallstricke und tragen die

---

[1] Griechisch: Ihr habt keinen Nutzen von Christus.

Behauptung in sich, daß es der Gnade nicht möglich sei, euch ohne solche menschliche Stützen und Erfindungen zu bewahren. Sie verleugnen in Wirklichkeit die göttliche Versicherung „Meine Gnade ist hinreichend für dich." Gewiß, da das Fleisch in uns ist, fühlen wir unsere Schwachheit beständig; aber gegen dies alles ist schon durch „den Gott aller Gnade" Vorsorge getroffen; denn er hat gesagt: „Meine Kraft ist in den Schwachen mächtig." Wörtlich: „Meine Kraft wird in (eurer) Schwachheit vollbracht." Daher meide alle „Lebensregeln", alle „Anweisungen" oder Führer für ein „frommes Leben". Meide sie wie deinen ärgsten Feind. Sie werden sich verhängnisvoll für deinen Frieden erweisen; sie werden allen Sonnenschein aus deinem Leben nehmen; sie werden dich aus einem Sohn in einen Sklaven verwandeln und deine geistlichen Kräfte an ihrer Hauptquelle untergraben.

2. Kor. 12, 9

2. Kor. 12, 9

Gib alle Anstrengungen auf, das Fleisch zu verbessern, oder es loszuwerden. Nähre die neue Natur regelmäßig mit dem für sie bestimmten göttlichen Brot, und alles andere wird sich schon regeln. Habe völliges Vertrauen zu der Gnade Gottes und der Kraft Gottes. Und laß dich auf keine Systeme und Pläne ein, denn das würde heißen: Gottes Wort genügt mir nicht.

2. Kor. 12, 9

4. Endlich, *bedenke den Unterschied zwischen Religion und Christentum.*

Die Religion hat es mit dem Fleisch zu tun, aber die neue Natur kann nur in Christo Genüge finden. Das Fleisch weiß nichts von Christus, dem Sohn Gottes, als unserem Leben. Es hat nur Interesse an dem, was es sehen, hören und begreifen kann. Aber die neue Natur wird mit nichts

Geringerem als mit Christus selbst befriedigt, nicht einmal mit dem Christentum oder der „Christlichen Religion“ ohne ihn.

In Phil. 3 finden wir diesen großen Gegensatz klar zum Ausdruck gebracht und erläutert durch die persönliche Erfahrung und das „Vorbild“ des Apostels Paulus. Sein Beispiel wird uns mehr nützen als jede Vorschrift. Er spricht dort von dem mächtigen „Vertrauen auf das Fleisch“, welches er einst als ein streng religiöser Jude hatte. Wieviel Vertrauen auf das Fleisch auch andere
Phil. 3, 5. 6 haben mochten, er konnte stets sagen „ich viel mehr“, und zählt sieben einzelne Stücke auf, und doch war er zu dieser Zeit blind. Er hatte damals noch keine neue Natur in sich, um die alte und sündige, obschon sehr religiöse Natur zu erkennen. Als er jedoch die kostbare Gabe der neuen Natur empfing, entdeckte er, daß er in Wirklich-
1. Tim. 1, 13-16 keit „ein Lästerer, ein Verfolger, gewalttätig“ war und der „erste der Sünder“.

So konnte er im Blick auf die Religion sagen „ich viel mehr“ und im Blick auf die Sünden „ich der erste“.

Doch als seine Augen geöffnet worden waren und er den Herrn Jesus als seinen Heiland und
Phil. 3, 8 Herrn erkannte, warf er in übergroßer Dankbarkeit seine bisherige Religion als frommer Jude weg „gegen die überschwengliche Erkenntnis Christi Jesu, seines Herrn“. Er achtete alle Dinge als Verlust und Kot, verglichen um Christus. Er vertauschte nicht die „jüdische Religion“ mit der „christlichen Religion“, sondern er gab dankbar alle Religion auf, — für Christus.

In bezug auf seine Stellung vor Gott, war es jetzt sein Ruhm, „in ihm erfunden“ zu werden,

Das Ziel, das er nun als Christ hatte, war, „ihn zu erkennen", und seine Hoffnung, „ihm gleichförmig" zu sein in Auferstehungsherrlichkeit. Phil. 3, 9

Christus war ihm alles. Phil. 3, 10

Als Jude hatte er die Hoffnung der Auferstehung, aber er gab diese freudig auf für die weit größere Hoffnung, an dem teilzuhaben, was er die „Aus-Auferstehung aus den Toten" nennt, Phil. 3, 11 welche ihm zuteil geworden war als einem Glied des einen geistlichen Leibes Christi.

Dies bedeutet nicht, daß er als Christ hoffte, er könnte durch gewisse Anstrengungen irgendeinen Vorteil vor anderen Christen erlangen, sondern es bedeutet, daß er als Christ (als Mensch in Christus) eine herrlichere Hoffnung hatte als die „jüdische Religion" ihm je geben konnte. Er spricht nicht von dem Aufgeben seiner Sünden, sondern von dem Aufgeben seiner „Gewinne". Alles, was er einst für religiöse Gewinne hielt, hielt er jetzt für Verlust, verglichen mit dem wirklichen „Gewinn", welchen er hatte in der herrlichen Erkenntnis Christi Jesu, seines Herrn; denn er hatte „die Kraft der Auferstehung Christi" erfahren, und was diese für alle Glieder des einen Leibes bedeutet, für alle, welche Gemeinschaft seiner Leiden haben und seinem Tod gleichgestaltet werden. Phil. 3, 10

*Nur dieses ist Christenleben. Alles andere ist Religion.*

Das Christenleben besteht nicht in Religionsartikeln oder Glaubensbekenntnissen, Gemeinschaften oder Gesellschaften, nicht in Kirchen, sondern in einer Person: *Christus.* Gott gebe, daß jeder unserer Leser durch die Gnade befähigt werde, von allen seinen vermeintlichen Vorzügen

Phil. 3, 7 im Fleische zu sagen: „Was mir Gewinn war, das habe ich um Christi willen für Verlust (Schaden) geachtet."

5. Zum Schluß aber *vergeßt nicht, daß dies der Weg der Trübsal und des Kampfes ist;* nicht von innen, sondern von außen. Nicht nur Kampf, der aus unserer eigenen alten Natur sich erhebt, sondern aus der alten Natur anderer Menschen. Es bleibt wahr, und wird stets auch in unserer eige-
Gal. 4, 29 nen Erfahrung als wahr erfunden werden: „Aber gleich wie damals der nach dem Fleisch Geborene den nach dem Geist Geborenen verfolgte, also geht es auch jetzt."

Der Nachdruck liegt auf den zwei Worten „damals" und „jetzt", woraus deutlich hervorgeht, daß wir auf eine Änderung der alten Natur nicht zu warten haben, nicht in unseren jetzigen Verhältnissen. Wir werden nur ermahnt, dessen eingedenk zu sein, daß wir Söhne der Freien, nicht
Gal. 5, 1 der Magd sind, und daß wir „in dieser Freiheit feststehen" sollen.

*Glückselige Freiheit!*

Das Wort „damals", Gal. 4, 29, bezieht sich zunächst auf Ismael und Isaak, aber es greift noch weiter zurück auf Kain und Abel und auf den religiösen Haß, welcher im Mord endete, und — wenn es möglich wäre -- stets im Mord enden würde.

Es weist auch auf die Tatsache hin, daß es die religiöse Partei unter den Juden, nicht die Volksmenge war, sondern „die Hohenpriester", welche den Tod des Herrn Jesus beschlossen hatten.[1] Genau so ist es heute.

---

[1] Siehe Matth. 26, 59; 27, 1. 20; Mark. 15, 11; Luk. 23, 18; Joh. 18, 35. 40; 19, 6. 15.

Alle, die gottselig leben wollen (d.h. dazu entschlossen sind) in Christo Jesu, müssen Verfolgung leiden. 2. Tim. 3, 12

Diese Verfolgung wird hauptsächlich vom religiösen Fleisch kommen.

Wer unter uns wird nicht mit Trauer bestätigen, daß ihm die größten Schwierigkeiten und Prüfungen durch den fleischlichen Sinn seiner Mit-Christen verursacht wurden? Früher verfolgte die Welt die Gläubigen und brach ihnen die Beine, heute verfolgen Gläubige ihre Mitgläubigen und brechen ihnen das Herz.

Gerade als Saulus seine Religion am eifrigsten ausübte, war er mit der Verfolgung der Christen beschäftigt. Es ist die Religion, welche das Blut der Heiligen vergossen hat. Die Religion ist es, die eine „edle Armee von Märtyrern" bildete. Phil. 3, 6

„Sehet, welch' eine Liebe hat uns der Vater erzeiget, daß wir Gottes Kinder sollen heißen. Darum kennt uns die Welt nicht, weil sie ihn nicht kennt." 1. Joh. 3, 1

Mit dieser Stelle steht in Verbindung, was Johannes an anderen Stellen sagt:

„Wundert euch nicht, Brüder, wenn euch die Welt haßt." 1. Joh. 3, 13

„Wenn euch die Welt haßt, so wißt, daß sie mich vor euch (ehe sie euch haßte) gehaßt hat. Wäret ihr von der Welt, so hätte die Welt das Ihre lieb; weil ihr aber nicht von der Welt seid, sondern ich habe euch aus der Welt erwählt, darum haßt euch die Welt." Joh. 15, 18. 19 Joh. 17, 14

Wenn sich diese Worte „damals" bei den Aposteln erfüllten, an die sie gerichtet waren, wieviel mehr werden sie sich „jetzt" an uns erfüllen!

Daher wollen wir uns als Kinder der neuen Natur „nicht wundern", weder über den Kampf mit der alten Natur in uns, noch über den Kampf mit denen außer uns. Wir wollen uns vielmehr darüber freuen, daß wir gerade in diesem Kampf die größte Versicherung erblicken dürfen, daß
Eph. 2, 10 wir „Söhne Gottes" und „sein Werk" sind. Das ist der sicherste Beweis, den wir haben können, daß wir als Kinder Gottes aus der Welt erwählt worden sind. Lasset es uns „für eitel Freude achten", wenn wir gewürdigt werden, etwas zu leiden für ihn, der alles litt um unseretwillen — „für
Hebr. 12, 2 die vor ihm liegende Freude".